beck'sche reihe

DAS JAHRTAUSEND

Die Serie „Das Jahrtausend" der Frankfurter Allgemeinen Zeitung führt durch die Spiegelungen und Vorspiegelungen der Vergangenheit von zehn Jahrhunderten. Auf dieser Reise durch die Zeit folgt der Leser dem einzelnen Lebenslauf und der Kette der Ereignisse, er begegnet Kunst und Literatur, trifft auf Ängste und Hoffnungen vergangener Epochen und lernt den Alltag in Krieg und Frieden kennen. Wer zu erfahren wünscht, was jetzt ist, erhält die Antwort in dem, was einmal möglich war.

Michael Jeismann, geb. 1958, promovierte im Fach Geschichte an der Universität Bielefeld bei Reinhart Koselleck und ist seit 1993 Redakteur der Frankfurter Allgemeinen Zeitung. Zu seinen Veröffentlichungen zählen u. a.: Das Vaterland der Feinde. Studien zum nationalen Selbstverständnis und Feindbild in Deutschland und Frankreich 1792–1918, Stuttgart 1992, sowie der Sammelband Mahnmal Mitte. Eine Kontroverse, Köln 1999.

Das 15. Jahrhundert

Alte und neue Mächte

Herausgegeben von
Michael Jeismann

Verlag C. H. Beck

Mit 8 Abbildungen im Text

Die Deutsche Bibliothek – CIP-Einheitsaufnahme

Das 15. Jahrhundert : Alte und neue Mächte / hrsg. von Michael Jeismann. – Orig.-Ausg. – München : Beck, 2000
(Beck'sche Reihe ; 4115 : Das Jahrtausend)
ISBN 3 406 45615 4

Originalausgabe
ISBN 3 406 45615 4

Umschlagentwurf: +malsy, Bremen
Umschlagabbildung: Sandro Botticelli, Porträt eines jungen Mannes, Florenz, Uffizien (Foto: Istituto Fotografico Editoriale Scala, Florenz)

Satz: Kösel, Kempten
Druck und Bindung: C. H. Beck'sche Buchdruckerei, Nördlingen
Gedruckt auf säurefreiem, alterungsbeständigem Papier
(hergestellt aus chlorfrei gebleichtem Zellstoff)
Printed in Germany

Inhalt

Kleine Chronik

1400: Von zwölf Millionen Deutschen sind acht Prozent Stadtbewohner · *1404:* Geburt des Künstlers und Gelehrten Leon Battista Alberti · *1405:* Römer in Frankfurt am Main vollendet; hier wird bis 1790 der deutsche Kaiser gewählt · *1414:* Konzil von Konstanz · *1415:* Jan Hus wird in Konstanz als Ketzer verbrannt · *1417:* Martin V. neuer Papst · *1420:* Beginn der Hussitenkriege (bis 1434) · *1429:* Jeanne d'Arc befreit Orléans von der englischen Besatzung · Cosimo de'Medici beherrscht Florenz unter äußerer Wahrung der republikanischen Staatsform · *1436:* Franzosen erobern Paris von den Engländern zurück · *1439:* Einführung der Kopfsteuer in Frankreich (taille), die bis 1789 erhoben wird · *1440:* Der italienische Humanist Lorenzo Valla weist nach, daß die „Konstantinische Schenkung" eine Fälschung ist · *1441:* Portugiesen beginnen mit der Einfuhr von Sklaven aus Afrika · *um 1448:* Johannes Gutenberg erfindet den Buchdruck · *1453:* Türken erobern Konstantinopel, das Byzantinische Reich geht damit unter; aus Konstantinopel geflohene griechische Gelehrte stützen und vertiefen durch ihre Kenntnisse der antiken Welt die Renaissance; Konstantinopel wird als Instanbul bis 1922 Hauptstadt des Osmanischen Reiches sein · *1475:* Waffenstillstand zwischen England und Frankreich beendet den Hundertjährigen Krieg · *1492:* Christoph Kolumbus entdeckt Amerika; Martin Behaim konstruiert den ersten Globus · *1494:* Sturz der Medici unter Führung Savonarolas · *1495:* Das Reichskammergericht wird geschaffen · *1498:* Vasco da Gama umsegelt Afrika und erreicht Indien.

Kurt Flasch

Unter der Riesenkuppel

Und sie bewegt sich schon: Rasender Stillstand der Epoche

Gerechte Konventionalstrafen sollten jeden treffen, der das Wort „Mittelalter“ in den Mund nimmt, denn fast immer handelt es sich dabei um Irreführung der Öffentlichkeit. In den tausend Jahren zwischen 500 und 1500 ist in den verschiedenen Weltgegenden zu vielerlei passiert, als daß man es mit einem einzigen Wort zusammenfassen könnte. In manchen Regionen war „das Mittelalter“ schon zu Ende, als es anderswo erst begann. Was wir haben, sind Einzelereignisse und Landschaften, oft sind es nur Spuren von Ereignissen und Vermutungen darüber. Das Wort „Mittelalter“ löst hingegen pralle Bilder aus: Es zaubert Burgen und Hohenstaufenkaiser vor unseren inneren Sinn, es hebt die Kreuzzüge und den König Artus hervor, es erinnert an Mönche und Nibelungen. Je dichter solche Bilder sind, um so eher führen sie von der Kenntnis des Mittelalters weg; sie fördern Bewunderung oder Verurteilung. Das alles sind Störfaktoren, die das Wort „Mittelalter“ hervorruft: Ich schlage vor, eine gewisse Diät mit dieser Vokabel zu üben. Einen Ausweg bietet die Einteilung nach Jahrhunderten. Kein Jahrhundert aber läßt es sich gefallen, als Einheit vorgestellt zu werden. Das haben Jahrhunderte und Kriege so an sich: Sie sehen am Ende anders aus als am Anfang. Nehmen wir als Beispiel das fünfzehnte: Als es begann, bestand die „Welt“ aus den Erdteilen rund um das Mittelmeer. Als es endete, kamen Gold und Syphilis aus Amerika. Als es begann, rückten die Türken zwar schon bedrohlich näher, aber als es endete, besaßen sie Konstantinopel und Teile des Balkans – mit Konsequenzen bis heute. Hermann Heimpel hat geglaubt, er besitze eine Formel für das ganze Jahrhundert: auf der Stelle treten. Aber zumindest die Türken sind nicht auf der Stelle getreten, und auch Kolumbus hat sich ein wenig bewegt. Zwischen 1400 und 1500 gab es sektorale und regionale Stagnation, aber es gab auch Momente rasanter Entwicklung. Selbst in der Bevölkerungsentwicklung gab es eine charakteristische Entwicklung: Die demographische Kurve, zu Beginn des Jahrhunderts noch von den Krisen der Pestzeit gedrückt, stieg seit der Jahrhundertmitte an. Während die Agrarkrise anhielt – die Kapitalinvestition in der Landwirtschaft rentierte kaum; die Getreidepreise lagen niedrig im Vergleich zu den Arbeitslöhnen –, prosperierten italienische Städte, die Niederlande und die Hanse. Die Geldwirtschaft intensivierte sich. Jakob Fugger, der Reiche, 1459 geboren, trat auch nicht auf der Stelle; er baute sein Kupfermonopol aus, finanzierte Päpste und Kaiser, sonst hätte er sich nicht bereits 1505 am ostindischen Gewürzhandel beteiligen können. Die folgenreichste Neuerung war Gutenbergs Erfindung der beweglichen Lettern aus Metall; sie schuf eine neue Form der Kommunikation mit unabsehbaren Folgen für Alltag und Wissenschaft; sie veränderte die soziale Realität des Lesens, Lernens, des Überzeugens und des Denkens. Die politische Propaganda hat sich ihrer sofort bemächtigt; ohne sie wären weder Humanismus noch Reformation zu den geschichtlichen Mächten geworden, als die wir sie kennen. Die Rolle des Papsttums veränderte sich im Laufe des Jahrhunderts gleich mehrfach: Zu Jahrhundertanfang gab es mehrere Päpste; etwa dreißig Jahre lang kämpfte das Papsttum fast aussichtslos gegen das Schisma, das seit 1378 anhielt, die konziliare Bewegung bedrohte seinen Primat; der hussitische Umsturz drang bis in die Mitte Deutschlands vor. Um 1450 waren diese Probleme gelöst;

das Papsttum stand gestärkt da. Es hatte die konziliare Bewegung absorbiert; es hatte 1439 die Einigung mit der Ostkirche erreicht, die fast vier Jahrhunderte von Rom getrennt gewesen war. 1438 war ihm der kirchenpolitische Ausgleich mit Frankreich gelungen; 1448 schloß es ein Konkordat mit dem Reich. Auch kulturell glückte ihm ein unerwarteter Aufschwung. Es öffnete sich der humanistischen Bewegung; es arbeitete mit Erfolg daran, den neuen florentinischen Glanz nach Rom zu übertragen. Rom fing an, eine Renaissancestadt zu werden; bedeutende Humanisten bestiegen den Papstthron: Nikolaus V., 1447 bis 1455, der zum eigentlichen Begründer der vatikanischen Bibliothek wurde, und Pius II., 1458 bis 1464, ein Diplomat, der als eleganter und witziger Schriftsteller auf der Seite der Konziliaristen begonnen hatte. Selbst das moralische Prestige des Papsttums, seit dem vierzehnten Jahrhundert ruiniert, stieg. Aber als 1453 die Türken Byzanz eroberten, wendete sich erneut das Blatt: Der amtierende Papst kränkelte, und als er nach zwei Jahren starb, waren militärische Führer gefragt, keine Heiligen. Die Borgia nisteten sich in der kirchlichen Zentrale ein. Dem Diplomaten und Humanisten Pius II. gelang es nicht mehr, die Interessengegensätze der lateinischen Christen zu überwinden und eine einheitliche Abwehr der Türkengefahr zu organisieren. Die militärische Bedrohung blieb für Jahrhunderte bestehen. Rom verstand sich immer mehr als Zentrum einer papalen Monarchie; die konziliare Konzeption der Kirche wurde verdrängt. Sie geriet für Jahrhunderte in Vergessenheit. Papst Paul II. ließ die Akademie schließen und einige Humanisten verhaften: sein Nachfolger, Sixtus IV., war in die Pazzi-Verschwörung verwickelt: Am 26. April 1478 sollten Lorenzo und Giuliano de'Medici beim feierlichen Hochamt im Dom zu Florenz ermordet werden; Giuliano wurde vor dem Hochaltar erstochen, aber Lorenzo konnte sich retten.

Der Nachfolger dieses Sixtus war Innocenz VIII. Er war der erste Papst, der seine Söhne und Töchter ungeniert öffentlich auftreten ließ. Die Kurie versank in Verwandtenbegünstigung und Geldgeschäften. Aber auf der Stelle treten, das tat auch sie nicht: Der Papst sanktionierte 1484 feierlich die Hexenjagd. Sie war damals durchaus umstritten, auch bei Theologen; in Italien galt sie eher als Spezialität des deutschen Volkscharakters. Aber der Papst stellte sich amtlich auf die Seite der Verfolger. Als 1487 das Handbuch der Hexenjäger, der Malleus maleficarum, erschien, trug es an der Spitze das päpstliche Rundschreiben, das die Ansichten seiner deutschen Verfasser zur Glaubenslehre erklärte. Der Papst versicherte, es handle sich bei der Hexenverfolgung keineswegs nur um die Privatmeinung der beiden deutschen Spezialisten, Heinrich Krämer und Jakob Sprenger.

Das Papsttum hat sich lange nicht mehr von dieser Krise erholen können, aber ganz Italien war vom Abstieg bedroht: Die türkischen Eroberungen verminderten die Handelsbedeutung des östlichen Mittelmeers. Venedig, das jahrhundertelang an der Schwächung von Byzanz gearbeitet hatte, litt nun unter seinem Sturz. Die wirtschaftlichen Schwerpunkte verlagerten sich nach Westen und nach Norden, nach Spanien, Portugal und den Niederlanden. Durch die Entdeckung Amerikas verlor das bisher zentrale Mittelmeerbecken an Bedeutung. Die große Zeit von Pisa, Genua und Venedig war vorbei. Selbst Florenz sank. Im selben Jahr 1492 starb Lorenzo de'Medici, il Magnifico. Die neuen Nationalstaaten – Frankreich und Spanien zuerst – dominierten die italienischen Mittelmächte. Spanien unterwarf sich 1492 das muslimische Andalusien, bald darauf, 1504, auch das Königreich Neapel, ganz Süditalien und Sizilien. Zuvor war schon Frankreich auf dem Plan: 1494 zog Karl VIII. nach Italien; er eroberte Mailand und Florenz. Die Zukunft sollte nicht mehr den Städten und den kleinen Staaten gehören, sondern den wenigen durchrationalisierten Monarchien. Pünktlich zu Beginn des nächsten Jahrhunderts, anno 1500, wurde ein Herrscher neuen Typs geboren: Karl V.

Das fünfzehnte Jahrhundert hat keine Mitte und keinen Mittelpunkt. Was Augustinus von aller Weltzeit gesagt hat, gilt auch von ihm: Es ist aufgepeitschte Salzflut, strukturlos und ungenießbar. Aber man kann versuchen, sich von ihm ein didaktisch motiviertes Bild zu verschaffen. Und ein Bild, auch bei der wildesten Tropftechnik, braucht eine Mitte. In der Mitte meines Ad-hoc-Bildes des fünfzehnten Jahrhunderts steht Florenz, genaugenommen: die Domkuppel von Santa Maria dei Fiori. Von da sind es wenige hundert Meter bis zum Palazzo der Medici; nahebei steht ihre Grabeskirche: S. Lorenzo. Im Umkreis von fünfhundert Metern rund um die Riesenkuppel ist im fünfzehnten Jahrhundert eine neue Welt entstanden. Ghiberti goß, als das Jahrhundert noch jung war, seine ersten Bronzeskulpturen für das Baptisterium (1403); der David von Donatello stammt aus dem Jahr 1408. Venedig baute noch in seiner eigentümlichen Gotik die Cà d'oro, als die Florentiner den Bau von S. Lorenzo begannen und Masaccio mit seinen Fresken alle Giotto-Schüler hinter sich ließ (ab 1422). 1434 kehrten die Medici aus der Verbannung nach Florenz zurück. Klug ließ Cosimo die republikanischen Verfassungsformen bestehen; er übernahm selbst kein politisches Amt, und doch eröffnete er politisch und kulturell ein neues Zeitalter. Von da an liefen nicht nur die Fäden der europäischen Finanzgeschäfte am Arno zusammen; jetzt trafen sich hier die Genies: Ghiberti und Brunelleschi, Fra Angelico und Donatello, Paolo Ucello, Piero della Francesca und Botticelli. Schriftsteller und Philo-

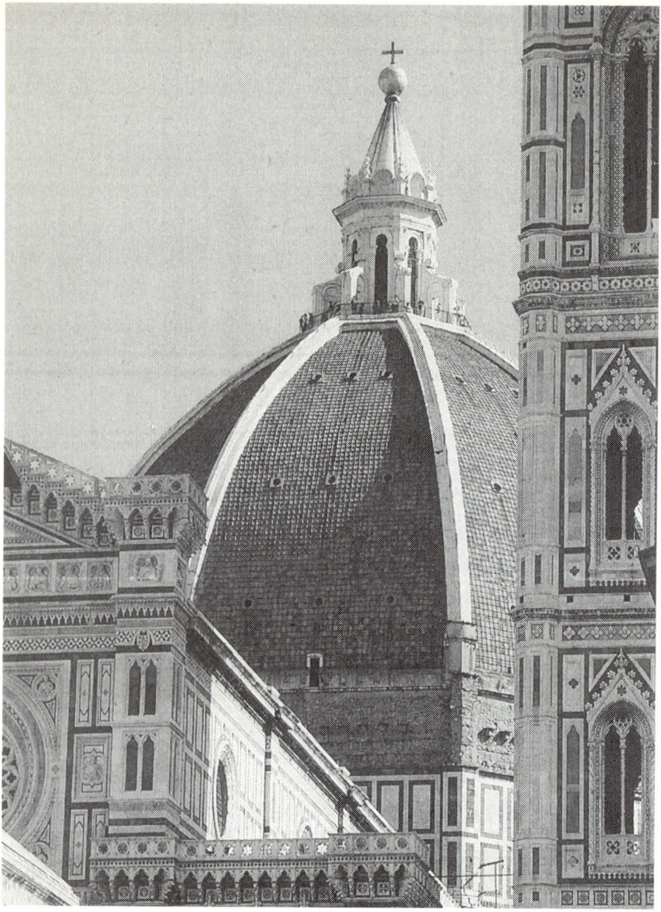

Im Umkreis von fünfhundert Metern
um die Riesenkuppel des Doms von Florenz
entstand eine neue Welt

sophen, Dichter, Ärzte und Mathematiker schufen eine neue literarische und wissenschaftliche Kultur; ich nenne nur Coluccio Salutati und Leonardi Bruni, Ficino und Pico della Mirandola, Savonarola und Machiavelli. Selbst der Papst, Eugen IV., in Rom bedroht, fand für einige Jahre Zuflucht in Florenz, und Cosimo gelang es gar, das Konzil, das in Ferrara zu tagen begonnen hatte, nach Florenz zu transferieren. Die wichtigen Konzilien zuvor hatten im Einflußbereich des Kaisers stattgefunden, in Konstanz (1414 bis 1418) und Basel (ab 1431). Jetzt spielte sich das wichtigste kirchliche Ereignis, die Einigung der Westkirche mit der Ostkirche, im Dom von Florenz ab. Die Kirchenunion war von der militärischen Situation erzwungen und sollte bald widerrufen werden, aber zunächst erhöhte sie den Glanz von Florenz. Die Arnostadt wurde zum Umschlagplatz östlicher und westlicher Wissenschaft; hier hatte das Interesse am griechischen Altertum früh begonnen, und hier fanden die großen Transaktionen von Ideen und Texten statt: Marsilio Ficino übersetzte erstmals den vollständigen Platon. Was Westeuropa bis etwa 1800 von der platonischen Tradition kannte, kam aus Florenz. Von hier aus lernte es Plotin kennen. Machiavelli als Historiker und als politischer Philosoph gab weitwirkende Impulse.

Im Schatten von Florenz

Florenz hatte die Konkurrenz von Pisa und Siena überwunden, es profitierte davon, daß Paris durch den Hundertjährigen Krieg an Bedeutung verloren hatte. Jeanne d'Arc hatte für Frankreich den Anfang einer militärischen Wende gebracht. Sie wurde von den Englandern gefangen und 1431 in Rouen hingerichtet, aber bis zur Jahrhundertmitte konnten die französischen Könige die Engländer aus dem Land vertreiben. In der zweiten Jahrhunderthälfte setzte Frankreich die nationale Konsolidierung fort; es entwickelte sich – wie Spanien und England, bald auch der Kirchenstaat – zu einer zentralistisch regierten Monarchie mit verschriftlichter Verwaltung, Steuereinziehung auf der Basis der Geldwirtschaft, Herrschaft der Juristen, „moderner" Heerespolitik und Militärtechnik. Aber die kulturelle Vorherrschaft von Paris war für lange Zeit gebrochen. Florenz hatte sie abgelöst. Die Pariser Wissenschaft hatte ihre Dynamik und Vielfalt verloren: Die Zeit der Scholastik war vorbei, mochte sie sich in Köln und in Spanien auch noch behaupten.

Rom bedeutete vorerst keine Konkurrenz. Man hat das vierzehnte Jahrhundert das „Jahrhundert ohne Rom" genannt. Die Päpste residierten in Avignon; Rom war durch innere Kämpfe zerrissen, auch noch als die Päpste zurückkehrten. Das Höchste, was für Rom dann im fünfzehnten Jahrhundert erreichbar war, war die Übernahme des florentinischen Denkens und des neuen Stils: Erst als die Kuppel des Petersdoms gewölbt war, trat Florenz wieder in den Schatten von Rom.

Das Leben des deutschen Kardinals Nikolaus von Kues (1401 bis 1464) spiegelt diese Entwicklung: Er hat in Heidelberg zu studieren begonnen, ging dann aber zum Jurastudium nach Padua. Dort lernte er die führenden Juristen, aber auch Mediziner, Naturforscher und Philosophen kennen; dort schloß er Freundschaft mit den führenden Intellektuellen und Kirchenmännern der Zeit, die Universitäten reizten ihn nicht mehr. Er ging von der Konzilspartei zur Papstpartei über, die seit den vierziger Jahren das politische und kulturelle Übergewicht gewann. Er war an den Vorverhandlungen zur Kirchenunion in Byzanz beteiligt. Als Bischof von Brixen spielte er eine unglückliche Rolle, aber er wirkte dann mit den beiden befreundeten Päpsten, mit Nikolaus IV. und Pius II., an dem Versuch, Rom zu einem kulturellen Zentrum in der Art von Florenz zu machen. Alle Wissenschaften und Künste sollten hier heimisch werden, nicht nur die römische Antike, sondern auch die griechische sollte hier wiederhergestellt werden: Thukydides und Archimedes, aber auch das Denken der griechischen Kirchenväter, allen voran Dionysius vom Areopag.

An dessen apostolischer Identität wurden inzwischen Zweifel laut, gerade in Rom. Lorenzo Valla, in Rom geboren, hatte sich früh den florentinischen Anregungen geöffnet. Er hat die antike Rhetorik wiederentdeckt, vor allem Quintilian, und er bewies, wie wenig es dem frühen Humanismus um eine bloße Wiederherstellung der Antike ging. Valla entwickelte die Philologie als Waffe und als Lebenserneuerung. Er kritisierte die Juristen, weil sie antike Begriffe benutzten, die sie nicht mehr verstanden. Er bewies, daß die weltliche Herrschaft des Papstes auf einer Fälschung, der sogenannten Konstantinischen Schenkung, beruhte. Valla betrieb keine antiquarische Gelehrsamkeit; er wollte ein Papsttum treffen, das, wie er schrieb, „Heere unterhält, Reiter und Infanterie, die allen zur Last fallen, während Christus vor Hunger und Elend stirbt in Tausenden von Armen". Daß Valla die weltliche Herrschaft des Papstes unterminieren und dennoch Sekretär des Papstes werden konnte, ist ein Ruhmesblatt des verschrieenen „Renaissancepapsttums"; es war Nikolaus von Kues, der dem Papst empfohlen hatte, diesen hervorragenden Kenner des Griechischen in seinen Dienst zunehmen. Valla fuhr fort, sein Wissen anzuwenden: In seinen Anmerkungen zum Neuen Testament begründete er die philologisch exakte Bibelauslegung. Als Erasmus 1506 dieses Buch in Druck gab, zwang er die Theologie zu einer Revision ihrer Verfahren.

Es wimmelte im fünfzehnten Jahrhundert von genialen Persönlichkeiten, aber wenn ich mir eine Vereinfachung erlauben darf, dann waren Nikolaus von Kues, Lorenzo Valla und Leon Battista Alberti wohl die größten. Cusanus hat gezeigt, weshalb die herrschende Universitätswissenschaft versagen muß; er hat eine neue philosophische Theologie und Kosmologie entworfen; er skizzierte eine neue Art der Naturforschung. Lorenzo Valla hat aus einem neuen Sprachbewußtsein heraus die Jurisprudenz, die Bibelauslegung und die Philosophie zur Erneuerung gezwungen; er hat nicht nur die damaligen Wissenschaften kritisiert, sondern eine ganze veraltete Welt. Alberti, Sohn eines florentinischen Emigranten, hat als Theoretiker der Malerei und der Architektur, als Schriftsteller und als Künstler die Umrisse eines neuen Lebensstils in einer humanen Stadt gezeichnet. Er entwarf in seinem Buch „Vom Hauswesen" das Bild eines energischen, weitsichtigen Bürgertums; er beschrieb die Bestimmung des Menschen zur sozialen, technischen und künstlerischen Gestaltung seiner Welt. Aber Alberti verfaßte auch Passagen voll düsterer Schreckensbilder, Visionen des Grauens und der Absurdität. Wer sich vielleicht im Anschluß an Jacob Burckhardt ein zu harmonisches Bild von der „Renaissance" gemacht haben sollte, kann aus den satirischen Texten Albertis sich korrigieren: Die Ohnmacht der Tugend, die Lächerlichkeit menschlicher Anstrengungen, die Macht des Scheins und des Betrugs, das verwirrende Maskenspiel des Lebens – auch dies sind Motive der florentinischen Frührenaissance. So wie auch Hieronymus Bosch in diese Zeit gehört. Als das Jahrhundert seinem Ende zuging, wuchs das Krisenbewußtsein. Savonarola war nicht nur ein religiöser Eiferer.

Er sprach die apokalyptischen Schrecken aus, die sich aus den ungelösten sozialen Konflikten in Florenz und aus der Verdüsterung der europäischen Gesamtlage ergaben. Er zeigte, wie hinfällig die Synthesen waren, die man in der „Platonischen Akademie" glaubte gefunden zu haben. Er war ein Mann auf der Höhe der Bildung seiner Zeit; er machte deren Widersprüche deutlich. Die christliche Republik, die er an die Stelle der Medici-Herrschaft setzen wollte, hatte keinen Bestand. Eine Reform der Kirche hat der Bußprediger nicht erreicht. Von jetzt an regierten andere Mächte die Welt, vor allem dominierten die neuen Nationalstaaten das kleinteilige Italien. Von dem Einmarsch der Franzosen in Florenz und der Spanier in Neapel bis zur Verwüstung Roms durch die Söldner Karls V. (1527) stellte der Zeitlauf für Kunst und Kultur neue Fragen. Ein großer Zusammenbruch war zu bedenken.

Am 23. Mai 1498 wurde Savonarola zuerst gehenkt, dann auf der Piazza della Signoria verbrannt. Vier Wochen später übernahm ein neuer Mann das Amt des Sekretärs der Republik. Der Analytiker des Untergangs bezog seinen Beobachtungsstand: Niccolò Machiavelli.

Christian Pfister

Jahrhundertwetter

Wie arm das zwanzigste Jahrhundert an wirklichen Extremen war, zeigt ein Blick auf zwei für das fünfzehnte Jahrhundert kennzeichnende Witterungsverläufe: Das Jahr 1473 gilt zusammen mit 1540 als das heißeste und trockenste des Jahrtausends. Ein regnerischer, schneeloser Winter ging in ein warmes, bei steigendem Sonnenstand zunehmend heißeres Frühjahr über. Gebannt verfolgten die Chronisten den Vorsprung der Vegetation: Anfang März, fünf Wochen zu früh, standen um Basel die Kirschbäume in Blüte. Drei Wochen zu früh verblühte Anfang Juni der Wein, kamen Anfang Juli die ersten Traubenbeeren des frühen Blauburgunders zur Reife und die Getreideernten in die Scheunen. Im August wurde ein feuriger Wein gelesen. Gnadenlos brannte die Sonne. Am 30. Juni fiel für neun lange Wochen der letzte Regen. Dürre breitete sich aus. Die Brunnen versiegten, das Vieh verschmachtete, das unreife Obst fiel zu Boden. Bäume warfen schließlich ihre Blätter ab, so daß sie unbelaubt dastanden wie mitten im Winter. Böhmerwald, Thüringer Wald, Schwarzwald und andere Wälder standen in Flammen. Rauch lag in der Luft. In höchster Not wurde Ende August in Frankfurt eine Prozession um Regen angesetzt. Als im Herbst das ersehnte Naß vom Himmel strömte, sproß das Gras wie im Frühjahr, die Bäume belaubten sich wieder, ja, manche blühten sogar ein zweites Mal.

Vier Jahre später litt Europa unter einer der kältesten Frühjahrsperioden des zu Ende gehenden Jahrtausends. Im Winter hatten sich die Alpenrandseen, auch der Bodensee, wie letztmals im Winter 1962/63, mit einer festen Eisdecke überzogen. Die Rheinschiffahrt bei Köln lag darnieder. Viel

Vieh verhungerte in den Ställen. Erst Ende März setzte Tauwetter mit Eisgang ein. Der Bodensee blieb bis zu diesem Zeitpunkt eisbedeckt. Dies spricht für anhaltende Zufuhr von kalt-trockener Kontinentalluft aus Norden oder Nordosten und hochwinterliche Verhältnisse, wie dies für März 1785 nachgewiesen ist.

Die Kontinentalität des Klimas erreichte im fünfzehnten Jahrhundert ein Maximum. Um 1430 ging eine fünfzigjährige sommerliche Warmperiode zu Ende, in deren Verlauf die alpinen Gletscher von den Hochständen des vierzehnten Jahrhunderts zurückschmolzen. Sieben Eiswinter, wie sie für die „Kleine Eiszeit" typisch sind, wurden andererseits im Verlaufe des Jahrhunderts gezählt.

BERTHE WIDMER

Tag und Nacht eines Papstes

Enea Silvio Piccolomini:
Ein Italiener gelangt zum Papstthron
auf dem Weg durch den Norden

Von Enea Silvio Piccolomini sagt Jacob Burckhardt in seiner „Kultur der Renaissance in Italien“, daß „wenige andere dem Normalmenschen der Frührenaissance so nahe kamen“ und „daß in wenigen andern das Bild der Zeit und ihrer Geisteshaltung sich so vollständig und lebendig spiegelten“. Dieses Urteil betraf die Person wie deren literarisches Werk. In ihm weht ein frischer Hauch vor allem dann, wenn der Verfasser über Erlebtes und eigene Taten berichtet, nämlich in flüssigem Latein, knapp, freimütig und oft in politischer Absicht. Vorzüge und Schwächen sind darin leicht erkennbar, sie wecken Neugier; und da der Berichterstatter in der Hierarchie der Kirche die höchste Stufe bestieg, erhielten sein Tun und Denken zusätzliches Gewicht, was mit ein Grund war, daß seine Schriften früh weit verbreitet und vielerorts gedruckt wurden. Doch zu keiner Zeit achtete je eine Nation so aufmerksam auf ihn wie die deutsche. Bei ihr hat er ausnehmend lange verweilt, bei ihr den Umgang mit hohen Herren gepflegt, diese beraten und dabei als Ausländer die Denkart und den Sprachstil der italienischen Renaissance vermittelt. Wiewohl das „Normale“ dieser Gestalt betont werden kann, ergibt ein Nachzeichnen ihres Lebenslaufes, daß wenigstens dieser oft außergewöhnliche Wege einschlug.

Enea war adliger Abstammung und schätzte sie als Vorzug, ohne wahren Adel als Erbgut zu betrachten. Bei einer

Revolte waren die Piccolomini aus Siena verbannt worden, weshalb er 1405 südlich davon in Corsignano zur Welt kam. Sein Werdegang begann wie der vieler Studenten, die nach der Ausbildung an Universitäten es – teils aus Furcht vor der Zölibatspflicht – vermieden, im Klerikerstand aufzusteigen, aber wegen eines Broterwerbs sich gern Prälaten verpflichteten. Seine Studienzeit verbrachte er zumeist in Siena, wo er Unterkunft bei Verwandten fand, und es war kaum reiner Zufall, daß seine Übersiedlung dahin auf 1423 fiel, denn im Juli dieses Jahres wurde in Siena jenes Generalkonzil eröffnet, welches durch das berühmte von Konstanz (das glücklich das große Schisma beseitigt hatte) zur Fortsetzung von Reformbemühungen anberaumt worden war. Mag sein, daß Enea von einem Konzilsherrn Aufträge erhoffte, jedenfalls fand er bereits Gelegenheit, kanonische Fragen, Parteiungen unter Prälaten und Reibereien unter Vertretern der Nationen kennenzulernen; sie sollten Europa für Jahrzehnte beschäftigen. Das einzig wichtige Dekret dieser Kirchenversammlung forderte eine nächste auf 1431 in Basel.

Enea verschaffte sich nebst humanistischer Allgemeinbildung auch Grundwissen in Zivil- und Kirchenrecht und richtete dabei seinen Ehrgeiz vor allem auf die dialektische Rhetorik als dem besten Mittel zur Belehrung und Überzeugung. Der allgemein gepriesenen Redegewalt erlag er selbst, lange bevor er sie übte, so etwa, als er unter dem Eindruck der Fastenpredigt eines Bernardino von Siena, der ganze Städte zu pathetischen Gesten der Buße hinriß, allen Ernstes die Welt verlassen wollte und kaum davon abzuhalten war. Als großes Vorbild mußte ihm Cicero gelten; doch meinte er, jugendlich selbstsicher und lehrhaft, in dessen Kunst auch selbst etwas Rechtes zu leisten.

Als er 1431 in den Dienst des Prälaten Domenico Capranica trat, um ihn zum genannten Konzil nach Basel zu be-

Literat als Papst: Piccolomini

gleiten, muß er sich gratuliert haben, Augenzeuge eines epochalen Großereignisses zu werden. Außer der hohen Geistlichkeit waren alle weltlichen Mächte Europas dahin eingeladen; sie sollten mit den Konzilsvätern verhandeln und deren Dekrete entgegennehmen, damit man drei Hauptzielen näher rücke: der Erneuerung der Sitten, der Ausrottung der Häresien und der Beendigung von Kriegen und Fehdewesen. Einheit im Glauben und Frieden unter den Völkern benötigte Europa nicht zuletzt wegen der Erfolge der Türken, die beängstigend vorrückten, und wer sollte das Erforderliche eher zustande bringen als jene kirchliche Institution, die sich in Konstanz als Friedensinstrument bewährt hatte.

Und doch wußte man, daß die Einberufung eines neuen Konzils Anlaß zu neuen Zerwürfnissen gab, war doch längst die Frage umstritten, ob die Kirchenversammlung dem Papst als ihrem Haupt unterstehe oder ob umgekehrt der Papst dem Konzil. Die Wahl Basels zum Versammlungsort erklärte sich nicht bloß durch seine gute Verkehrslage, sondern auch durch die Absicht gewisser Kreise, mit einer beträchtlichen Distanz zu Rom den Einfluß des Papstes zu verringern, denn ohnehin betrachteten viele Juristen die Kirchenreform in erster Linie als Reform des Kirchenhauptes durch Verminderung seiner Autorität, und erfreuten sich der Unterstützung von seiten der Mächte aus manchen Gründen, aber schon wegen deren Verlangen, kirchliche Ämter und Pfründen im eigenen Herrschaftsgebiet selbst zu vergeben, oder auch wegen deren Begehren nach päpstlichem Landbesitz. Da und dort waren es alte Machtpositionen, die über eine Parteinahme zu Gunsten des Papstes oder des Konzils entschieden, so in Italien, wo sich an den Spannungen zwischen Konziliaristen und Papst Eugen IV. die herkömmlichen Feindseligkeiten der Guelfen und Ghibellinen neu entzündeten. Capranica und sein Diener Enea umgingen daher zur See das

Gebiet des guelfischen Florenz, das den Papst begünstigte, besuchten aber den ghibellinischen Herzog Filippo Maria Visconti von Mailand, der den Papst befeindete. Enea bewunderte diesen Visconti, bei dem einst sein Vater gedient hatte, und im schwelenden Streit der Parteien sich den Konziliaristen anzuschließen, ergab sich für ihn wie von selbst; ihre Auffassungen von Kirche und Konzil kannte er einigermaßen. Kaum war er in Basel, traf dort der beste philosophische Kopf seiner Zeit, Nikolaus von Kues, ein, der mit seiner „Concordantia catholica“ ein wahres Bollwerk zur Verteidigung konziliarer Theorien aufstellte.

Während die meisten Geladenen zögerten, sich an den Rhein zu bemühen oder Abgeordnete zu schicken, und Eugen IV. schon einen Vorwand fand, mit einem Machtwort die Versammlung zu verschieben, begann Enea in seinem eleganten Latein eifrigst für Basel zu werben. In die Ausarbeitung von Reformdekreten hatte er als Laie kaum Einblick; dagegen nahm er begeistert Anteil an der Freude über den ersten Aufsehen erregenden Erfolg des Konzils in der Ketzerbekämpfung. Die Hussiten, die nach dem Feuertod ihres Lehrers mit ihrer unbändigen Kriegswut König Sigismund und ganz Deutschland das Fürchten gelehrt hatten, wurden durch Gesandte des Konzils so angelegentlich umworben und durch Geleitbriefe vieler Fürsten so überzeugend gesichert, daß ihre Führer 1433 die Reise nach Basel wagten. Ja, sie durften sich dort herausfordernd witzig gebärden und schließlich wie Sieger abziehen, während die Synode schon froh war, die Kriegslust dieser Gäste gemäßigt und ihre Bereitschaft zu weiteren Gesprächen erlangt zu haben. Von diesen Hussiten berichtete Enea mit großem Behagen; er stand im Gedränge der Zuschauer, als sie, den Rhein herab fahrend, in Basel landeten; und Jahre später, 1451, als er zu Verhandlungen nach Böhmen ritt, wußte er, mit wem er es zu tun haben werde.

Auch der wichtigsten jener Friedensvermittlungen, an denen sich Gesandte des Konzils beteiligten, wohnte er bei. Kardinal Albergati (herrlich porträtiert von Jan van Eyck) nahm ihn 1435 in seinem Gefolge mit nach Arras, wo das Ende des Hundertjährigen Krieges zwischen Frankreich und England angekündigt wurde. Zwar gelang erst eine Versöhnung zwischen König Karl VII. und dem Burgunder Herzog Philipp dem Guten, der beschloß, seinen englischen Verbündeten fallen zu lassen (dem er noch kurz vorher das Mädchen Jeanne d' Arc zur Aburteilung verkauft hatte). Von all dem zu berichten, fand Enea vorerst keine Zeit, da er den Auftrag erhielt, zum Schottenkönig, dem Feind der Engländer, zu reisen, mochten diese auch alle Mittel aufbieten, ihn daran zu hindern. Mancher hätte bereits in London das Unterfangen aufgegeben; er hingegen entschloß sich eben dort zur Fahrt über das winterliche Meer (das ihn beinahe begrub), dann zu sehr gewagten Verkleidungen und andern Listen. Auf Verkleidung verzichtete freilich sein Abenteuer mit einer Schönen, und ein Schottenkind anerkannte er später als das seine.

Wieder in Basel, fand er die Konzilsväter fieberhaft tätig und gereizt. Mit gewissen Reformdekreten hatten sie energische Proteste des Papstes und seines Anhangs heraufbeschworen, und nun nahm 1436 auch noch ein Wettstreit zwischen den Nationen überhand, der alten Eifersüchten entsprang. Eine Gruppe radikalster Konziliaristen bekämpfte unter der Führung französischer Prälaten nicht allein das höchste Kirchenamt, sondern auch die Italiener, denen sie dieses Amt sogar in seiner Erniedrigung mißgönnten. Enea, immer in der Gesellschaft der führenden Geistlichkeit, meldete den vielsagenden Ausspruch eines dieser Neider: „Wir wollen das Papsttum so rupfen, daß es gleichgültig wird, wo es bleibe". Sowohl das Konzil wie auch der Papst hatten die Griechen, die in ihrer Angst vor den Türken die

Hilfe des Westens suchten, zu Glaubensgesprächen aufgerufen; aber die Parteien konnten sich nicht einmal darüber einigen, wo das Treffen mit jenen stattfinden sollte. Am besten in Basel selbst oder vielleicht in Avignon, schließlich überall, nur keinesfalls in einer von Papst Eugen bestimmten Stadt: so erklärte am Konzil eine Mehrheit mit den Franzosen, während eine Minderheit ebenda, die sich als „sanior pars" ausgab, eine lang ersehnte Union mit den Griechen nicht durch starrsinniges Verfechten eines Prinzips gefährden wollte. Von tumultuarischen Sitzungen, Gewaltakten und Weinkrämpfen aller Versammelten berichtet Enea und davon, daß die Minderheit, vorab aus Italienern bestehend, Ende 1437 Basel den Rücken kehrte, um dem Ruf des Papstes nach Ferrara zu folgen. Zu ihnen gesellte sich selbst Nikolaus von Kues, der tüchtigste Verteidiger der Konzilsidee, der nun zum „Herkules der Eugenianer" wurde, während Enea zurückblieb, vielleicht weil er sich dem antipäpstlichen Visconti verpflichtet fühlte. Jedenfalls hatte er sich in den Kampf um die Ortswahl mutwillig mit einer, wie er meinte, allgemein bewunderten Rede eingemischt, um das mailändische Pavia zu empfehlen, und sich damit die Gunst des Herzogs erworben. Nun mußte sich zeigen, wie lange er noch die Ansicht vertreten könne, „Rom liege in einem Winkel der Christenheit, während Basel ihre Mitte einnehme". Das meinte er nicht nur im geistigen Sinn; auf seinen Reisen in den Norden hatte er sein Weltbild korrigiert.

Er war also nicht dabei, als Kaiser Johann von Byzanz, der sich für den Papst entschied, mit Vertretern der griechischen Kirche nach Italien kam, auch nicht, als in Florenz ein Unionsdekret ausgearbeitet und im Sommer 1439 die Einigung von Ost- und Westkirche mit jener prunkenden Prozession gefeiert wurde, an welche die Medici in ihrer Privatkapelle durch das allbekannte Gemälde des Benozzo Gozzoli erinnern wollten. Unzählige Humanisten Italiens nahmen an den Anlässen teil, während Enea, bald einziger Humanist in Basel, nichts anderes übrig blieb, als gutzuheißen, was das Prinzip der Konziliaristen forderte. Er rühmte, daß man es zum Dogma erklärte, Papst Eugen absetzte, exkommunizierte und nach einem Papst Ausschau hielt, der gewillt und auch reich genug war, Konzilsdekrete zu beachten. Jetzt fielen Enea hohe Ämter zu, und hätte er sich entschlossen, wenigstens einfacher Geistlicher zu werden, man hätte ihn wegen des in Basel bald auffälligen Mangels an Prälaten unter die Papstwähler aufgenommen. An Geschick und Eifer ließ er es nicht fehlen; die Pest erwischte ihn, weil er nicht wie andere der Stadt entfloh. Nachdem Herzog Amadeus von Savoyen die höchste Kirchenwürde angenommen hatte, fand seine Krönung zu Basel im Sommer 1440 statt, und noch verriet Enea keine Zweifel an der Richtigkeit der Kühnheiten, welche die Welt verblüfften. Er betonte, wie genau man in Basel römische Riten imitierte, und erzählte froh gelaunt, wie sein eigenes Psalmodieren mißglückte und viel zu lachen gab. Als Sekretär des Basler Papstes Felix muß er freilich bald geahnt haben, daß er auf verlorenem Posten kämpfe, weshalb ihm 1442 ein Stellenangebot des neuen Königs Friedrich III. als Rettung aus peinlichster Lage sehr gelegen kam. Anerkennung fand der Gegenpapst fast bei niemand; vielmehr tadelten die Mächte das Konzil, es habe statt Einigkeit und Frieden eine neue Spaltung hervorgebracht. Für Reformen sorgten sie jetzt nach ihrem Gutdünken, entzogen beiden Rivalen den Gehorsam, um neutral zu sein, und machten die Entscheidung für eine Partei von deren Zugeständnissen abhängig. Die Lehre des Konzils trat in den Hintergrund. Schon hatte mancher Fürst erkannt, daß der kirchliche Angriff auf monarchische Führung auch seine eigene Stellung gefährde.

Für Enea bedeutete die Arbeit in der Kanzlei des Königs einen Aufenthalt in Wiener Neustadt und den Verlust des täglichen Umgangs mit Gelehrten, die seine Vorzüge schätzten. Geschickt wie immer, verstand er indessen, sich im voraus eine Würde zu verschaffen, die ihm seine niedrige Stellung erträglich machte. Was Deutschland noch nie gesehen hatte, gewährte ihm Friedrich III. in Aachen, nämlich die Dichterkrönung, die ihm erlaubte, als humanistischer Lehrer aufzutreten. Um seine Briefe riß man sich, wie er meinte; seine Traktate über Fürstenerziehung und über Beredsamkeit, eine Liebesnovelle, eine Satire über das Elend der Hofleute wurden berühmt, gelesen und nachgeahmt. Und doch war sein Können selbst im Norden nicht so neu, wie etwa behauptet wird: Entdeckte er ebenda vorzügliche Werke aus früherer Zeit, entnahm er ihnen gerne, was ihm gefiel, und zwar so wörtlich wie unauffällig. Wichtig für die Ausbreitung des Humanismus in deutschen Landen wurde Eneas wachsender Einfluß am Königshof. Denn eingeweiht in dessen politische Sorgen, trat er nicht bloß als sein privater Ratgeber, sondern immer häufiger öffentlich als gewandter Redner bei verschiedensten Tagungen auf. Gleichzeitig begann sich seine politische Haltung zu wandeln. Noch während er gegenüber den Päpstlichen zornig die Neutralität verfocht, glitt er allmählich von ihr ab. 1445 war er in Rom und bot dem Papst, den er in seiner „Geschichte des Basler Konzils" beschimpft hatte, reuig seine Dienste an. Dann förderte er entgegen einer Opposition deutscher Fürsten das Zustandekommen des Wiener Konkordats von 1448 und legte in einem Werk „Über die Monarchie" seine neue Überzeugung dar, daß das Weltkaisertum und das Papsttum gottgewollt, deshalb uneingeschränkt anzuerkennen seien. Sie galten ihm jetzt als beste Garantie für Frieden und Einigkeit, wobei er bereits an ein gesamteuropäisches Unternehmen dachte, von dem er meinte, es könne einzig unter der Oberleitung von Kaiser und Papst gelingen: an ein Großaufgebot gegen die Türken. Dieser Gedanke verfolgte ihn seit der grauenvollen Niederlage der Christen 1444 bei Warna; keine Gelegenheit ließ er sich von nun an entgehen, zu einem Kreuzzug aufzurufen.

Vor Freunden in Italien aber begann er über sein Alter und seine endlosen Dienste im Norden zu klagen: „Ich werde zur Ruine, während sich Rom aus Ruinen erhebt." Dabei überlegte er sich den Schritt, der seine Lage verbessern konnte, und in der Tat: Kaum hatte er sich für den geistlichen Stand entschieden, begann die Kirche, ihm seine Verdienste zu lohnen. Als Nikolaus V. in Rom als alleiniger Papst unangefochten waltete, ernannte er seinen alten Bekannten 1449 zum Bischof just seiner Vaterstadt Siena, was allerdings dem wortgewandten Unterhändler des Königs nicht gestattete, sich unvermittelt aus den Wirren des Reiches wegzustehlen. Vorher gelang ihm noch, einen seiner zäh verfolgten Pläne auszuführen; 1452 geleitete er den König nach Rom, damit dieser mit dem Empfang der Kaiserkrone beginne, kaiserliche Pflichten wahrzunehmen, zu denen eben auch der Kampf gegen den Islam gehöre. Als 1453 Konstantinopel in die Hand des Feindes fiel, ließ Enea in Deutschland zum letzten Mal einen beschwörenden Aufruf zum gemeinsamen Kampf erschallen. Dann verließ er den Norden.1456 wurde er Kardinal und nur zwei Jahre später Papst. Als solcher nannte er sich Pius, anspielend auf Vergils Aeneas, der diesen Beinamen führte. Jene Gläubigen aber, die ihn verärgert an seine konziliare Lehre erinnerten, mahnte er emphatisch: „Verwerft den Aeneas, verteidigt den Pius!"

Tatsächlich riefen sein Gesinnungswandel und seine kirchliche Beförderung nach lautem Einspruch, vor allem in Deutschland. Gratulierte ihm aber Freund Mayer aus Mainz zum Kardinalshut, um gleich den Vorwurf anzufügen, Rom und er persönlich hielten sich nicht an Konzilsdekrete und brächten die Deutschen an den Bettelstab, schrieb er zurück, er sei ja auch „fast ein Deutscher", und legte ihm einen Traktat „De Germania“ vor, worin er an die sechzig deutsche Städte mit ihren Anzeichen großen Reichtums und die mächtigsten Herren des Landes so kenntnisreich aufzählte, wie es kein anderer vermochte, worauf er mit der Behauptung schloß, Deutschland trage an seinen Übeln die größte Schuld, da seine Häupter ihrem höchsten Haupt den Gehorsam versagten. Freilich wußte er, daß Deutschland ein solches Oberhaupt nicht besaß, weil Friedrich III. immerfort zauderte, sich im zerstrittenen Reich auch nur zu zeigen. Die ganze Anstrengung Eneas, seinem Herrn kaiserliches Handeln beizubringen, wovon auch sein „Pentalogus“ und seine „Geschichte Österreichs“ zeugen, fruchtete wenig.

Um so entschiedener verbat er sich jeden Zweifel an der Vollgewalt der Päpste. Neue Rufe nach Konzilien lehnte er mit äußerster Schärfe ab. Was ein guter Papst sei, glaubte er so genau zu wissen wie jede Kirchenversammlung und war gewillt, es zu beweisen. Die „Commentarii“ zur Geschichte seines Pontifikats verdankten ihr Entstehen teilweise seinem Wunsch nach Rechtfertigung gegenüber lauerndem Mißtrauen. Von Amtshandlungen sprach er, von Kriegen, doch mit Vorliebe auch von Mußestunden. An Gicht leidend, ließ er sich gerne in einer Sänfte auf Anhöhen tragen; schöne Landschaften hatte vor ihm vielleicht einzig Petrarca so lustvoll geschildert. Unbedenklich gestattete sich Pius Ausflüge zu antiken Monumenten, aber daß er ein literarisches Werk ums andre in Angriff nahm, glaubte er doch entschuldigen zu müssen, indem er betonte, er arbeite nur des Nachts daran; übrigens hätten selbst ehrwürdigste Päpste Bücher verfaßt. Dabei übersah er allerdings, daß jene früheren nicht einmal des Nachts so Profanes geschrieben hatten wie er in Historiographie und Cosmographie. Ein reizvolles Denkmal setzte er sich an seinem Geburtsort, das er mit dem Namen Pienza beehrte und mit Kirche und Palästen verschönte; sonst verdiente er sich als Mäzen der Künste keinen großen Namen. Sein Pontifikat war dafür zu kurz, und alles mußte zurücktreten hinter sein Hauptanliegen, den Türkenkrieg. Stets bestrebt, beispielhaft zu wirken, war er dies besonders bei allem, was den Kreuzzug betraf. Kurz nach seiner Wahl ließ er sich durch keine Einreden abhalten, trotz seiner Gicht nach Mantua zu reisen, wohin er die Mächte gerufen hatte, damit sich dort jede zur Teilnahme am geplanten Unternehmen verpflichte; wichtig war ihm, als erster am Kongreßort zu sein. Würden sich die Herren nicht schämen, sich ihrerseits die Reise zu ersparen? Nur wenige kamen persönlich; und alle, Kaiser, Venezianer, Burgunder und die andern, ließen sich durch seine Überredungskunst bloß vage oder falsche Versprechen abringen. Kein Wunder, daß Pius sich gar zur Hoffnung verstieg, die Türken ließen sich vielleicht eher zum Christentum bekehren als mit Waffen besiegen; aber sein Lehrschreiben an Mehmed II. schickte er wohl niemals ab. 1464 gehörte er zu den ersten, die in Ancona eintrafen, von wo die Flotte gegen die Türken auslaufen sollte. Daß er mitfahren werde, hatte er bekannt gemacht. Angstvoll wartend auf Heerführer und Truppen, entschloß er sich, hinter seinen Pfeilschützen her zum schwer bedrängten Ragusa hinüber zu schiffen. Der Tod kam ihm zuvor, und dieser Kreuzzug, der wohl in der Katastrophe geendet hätte, unterblieb.

Daß Eneas Leben ungewöhnlich verlief, ist augenfällig. Zum „Normalen“ an diesem Frühhumanisten gehörten Sprachkunst und Mitteilsamkeit, Begierde nach öffentlicher Tätigkeit, langes Verharren im Laienstand trotz Kirchen- und Fürstendienst, ein Nebeneinander von Unterordnung, Selbstbehauptung und Führungsanspruch, dabei Daseinsfreude, Genuß von Natur und Kunst, dauernde Beschäftigung mit Geschichte und Erdkunde, um nur weniges zu nennen. Als persönliche Eigenheit wirkt eine fast journalistische Gewandtheit. War er ehrgeizig, besaß er doch ein starkes Pflichtgefühl, das lieber zu Kühnes als zu Besonnenes wagte, um allgemein menschliche und christliche Werte zu verteidigen. Ob seine Politik richtig war oder nicht: Eher als Friedrich III. hätte sich dessen Sohn Maximilian mit ihm verstanden.

Gabriela Signori

Als die Namen wandern durften

Jenseits der bürgerlichen Ordnungsidee: Man nannte sich, wie man konnte

Wie kam der „kleine Mann“ aus Siena eigentlich zu seinen drei Vornamen Enea, Silvio und Bartolomeo? Sein Vater, erklärt Piccolomini, habe die merkwürdige Mischung aus Innovation (Enea) und Traditionen (Silvio und Bartolomeo) gewollt. Aber dürfen wir der Selbststilisierung eines Humanisten glauben? Hatte er das programmatische Enea nicht selbst erfunden, um sich mit Vergils Helden in die Ahnengalerie der großen Dichter, Denker und Gründerfiguren einzureihen? Zweifel sind berechtigt, forderte gegen Ende des fünfzehnten Jahrhunderts der Nürnberger Poeta laureatus Konrad Celtis doch: „Jeder Dichter muß drei Vornamen besitzen!“ Mit bürgerlichem Namen hieß Celtis übrigens Bickel.

Bis ins späte siebzehnte Jahrhundert stand die Namenwahl jedem frei, der wünschte, sich zu verändern. Dies gilt übrigens auch für Frauen. Erst das Bürgerliche Gesetzbuch legte fest, daß verheiratete Frauen den Namen ihrer Männer zu tragen hätten. Es wäre verfehlt, zu folgern, nur Dichter und Gelehrte hätten sich dergestalt der Selbststilisierung ergeben. Auch Adlige arbeiteten mittels Namens-, Wappen- und Devisenänderungen an der Neugestaltung ihrer sozialen und politischen Identität. Die meisten blickten dabei stracks nach oben: So manche ließen „ihres Vaters Zunamen stehen“, lamentierte Hermann von Weinsberg in seinem Familienbuch, „wenn er von geringerem Herkommen ist, und nennen sich mit ihrer Mutter oder ihrer Frauen Geschlechtsnamen".

Von der Möglichkeit, Namen zu wechseln, machten vor allem diejenigen Gebrauch, denen das Glück verwehrt war, Kinder zu haben (und davon gab es mehr, als gemeinhin vermutet). Kinder garantierten und garantieren Familien- und gleichsam Namenskontinuität. Um die Lücken zu füllen, die Seuchen, Kriege und Unfruchtbarkeit in die Generationenabfolge rissen, wählte man sich zunehmend Erben, die mit der Erbschaft den Namen des Erblassers übernahmen. Unterschiede zwischen Städten, die früh das römische Recht rezipiert hatten, und Städten, in denen das Gewohnheitsrecht galt, lassen sich nicht erkennen. Ihren Namen vererbten sowohl Adlige, Kaufleute als auch Handwerker.

Fast zwanzig Jahre lang lebte und wirtschaftete zum Beispiel der Basler Schuhmacher Clewi Hofstetter gemeinsam mit seiner Frau, seiner Tochter und seinem Schwiegersohn, seinerseits ein Schuhmacher, im oberen, ärmeren Teil der Gerbergasse, in der Nähe der Barfüßerkirche. Clewi muß irgendwann zwischen 1477 und 1487 gestorben sein. Am 6. September 1487 erschien seine Witwe Enneli vor dem Basler Schöffengericht und schloß mit ihrer Tochter Brida und ihrem Schwiegersohn Andreas Wächter einen Vertrag ab, worin sie den beiden alles vermachte, was sie besaß. Bedingung war, daß sie weiterhin bei ihnen wohnen bleiben durfte und daß Tochter und Schwiegersohn sie im Krankheitsfall pflegten. Tochter Brida starb kurz darauf und ließ ihren Mann kinderlos zurück. Acht Jahre später, am 9. April 1495, erneuerte die inzwischen schwerkranke Enneli den Vertrag mit ihrem Schwiegersohn Andreas Wächter, der seit längerem mit einer Ursula Suterin verheiratet war. Den Gerichtsherren erklärte sie, sie wolle das Ehepaar zu ihrem Universalerben einsetzen. Bedingung war wiederum, daß sie die Erblasserin zeit ihres Lebens bei sich behielten, sie mit

Essen, Trinken und anderen lebensnotwendigen Dingen versähen und nach ihrem Tod für ihre Bestattung aufkämen. Danach schweigen die Akten des Basler Schöffengerichts über die Hofstetterin. Zwei Jahre später, im Jahr 1497, als der Basler Rat den „Reichspfennig" einzog (eine Kopfsteuer, die alle über vierzehn Jahre alten Personen erfaßt), ist Enneli Hofstetterin im Steuerrodel (Steuerbuch) nicht mehr aufgeführt. Ihr Schwiegersohn Andreas Wächter hingegen wohnte weiterhin im oberen, ärmeren Teil der Gerbergasse. Nun aber trug er nicht mehr den Familiennamen Wächter, sondern hieß plötzlich Andreas Hofstetter. Nach dem Tod seiner Schwiegermutter hatte Andreas mit ihrem Besitz zugleich ihren Namen übernommen, ehrte sie und ihren verstorbenen Mann in und über ihren Namen und sorgte so dafür, daß das „Schuhmachergeschlecht" der Hofstetter zumindest solange er lebte, nicht in Vergessenheit geriet. Das Beispiel Hofstetter ist kein Einzelfall. Anders als im Einflußbereich des römischen Rechts ist der Namensübertrag bei den Basler Erbeinsetzungen nirgends schriftlich festgehalten: Er verlief „still" und aus freien Stücken.

Vererbbar, wandelbar und austauschbar, gewähren uns die Namensänderungen des fünfzehnten Jahrhunderts Einblick in die zeitspezifischen Möglichkeiten, Identität zu konstruieren oder über den eigenen Tod hinaus Kontinuität zu garantieren. Auch auf die Geschichte der „Frömmigkeit" wirft die Praxis ein ungewohntes Licht. Sollte das liturgische Totengedenken in den Namenvererbungen des fünfzehnten Jahrhunderts etwa unbesehen eine weltliche Konkurrenz erhalten haben? Sollten sich die gesellschaftlichen Grundwerte in Ansätzen etwa säkularisiert haben? Bis vor wenigen Jahren noch verknüpfte man mit den Stadtgesellschaften des fünfzehnten Jahrhunderts ein starres Gebilde, das sich vornehmlich an Verfassungsfragen und Schichten- oder Standeszugehörigkeiten orientierte. Heute sieht man, in welchem Maß das Verständnis der spätmittelalterlichen Stadt von den Ordnungsvisionen des ausgehenden neunzehnten und beginnenden zwanzigsten Jahrhunderts bestimmt war. Ihre Offenheit und Beweglichkeit machen für uns den Reiz dieser in noch so vielen gesellschaftlichen und mentalitätsgeschichtlichen Belangen unbekannten Übergangszeit aus, in der Altes gepflegt, aber auch bislang Unbekanntes entstand, wie die Möglichkeit zeigt, seinen Namen zu vererben oder zu wechseln.

MICHAEL JEISMANN

Jüngste Tage

Rechtskräftig

Es fehlte nicht viel, und Christoph Kolumbus hätte bei seiner Rückkehr aus Amerika die Entdeckung gemacht, daß wenigstens ganz Südeuropa von Chinesen kolonisiert war; mit gewaltigen Flotten, Hunderten von Schiffen, von denen jedes einzelne bis zu 120 Metern lang war, hatten sie Afrikas Südspitze umsegelt und mit der Eroberung Europas begonnen. In Technik und Verwaltungseffizienz allen anderen Völkern weit überlegen, fiel es den Eroberern nicht schwer, den Widerstand der Europäer zu brechen. Bekanntlich kam alles anders. Als Kolumbus heimkehrte, war die europäische Welt zwar die Alte Welt geworden, fremd aber wurde sie deshalb zunächst nicht. Und schließlich war es Vasco da Gama, der mit einer bescheidenen Flotte um das Kap der Guten Hoffnung segelte und die Voraussetzung für die Kolonisierung Ostasiens durch die Europäer schuf.

Die Eroberung Europas durch chinesische Seefahrer ist kein böser Traum von „gelber Gefahr", sie war eine Möglichkeit. Zu Beginn des fünfzehnten Jahrhunderts stachen mehrere große chinesische Flotten in See, mit Tausenden von Matrosen und Kriegern an Bord, und sie gelangten bis an die Ostküste Afrikas. Diese Expansion wurde indessen abrupt eingestellt, als am chinesischen Hof ein Machtkampf entbrannte, den schließlich die Partei derjenigen gewann, die das Ausgreifen übers Meer ablehnten: Die Hochseeschiffahrt wurde per Dekret untersagt, die Werften abgerissen, und dabei blieb es über Jahrhunderte hinweg.

Das Zeitalter der Entdeckungen hätte also gar nicht ein europäisches sein, die Fahrt des Kolumbus nicht die europäische Expansion einleiten müssen. Andere Zivilisationen waren in vieler Hinsicht überlegen und zu Eroberungen großen Stils fähig. Warum also war es ausgerechnet die europäische Kultur, die so hartnäckig dynamische Züge entwickelte, und warum lag anderen Zivilisationen das eigene Wissen wie ein Stein im Magen? Es war wohl nicht allein und auch nicht vorrangig die „Protestantische Ethik", die Max Weber für den Motor dieser Entwicklung hielt. Der amerikanische Gelehrte Jared Diamond nennt in seinem Werk über die „Schicksale menschlicher Gesellschaften" die permanente Diffusion von Wissen und Meinung als einen entscheidenden Faktor für die Dynamisierung von Gesellschaften. Nirgends anders als in Europa habe es so viele verschiedene Wissensströme gegeben, nirgends anders sei eine vergleichbare Kraft – auch zur Selbstzerstörung – durch Reibung und Konkurrenz entstanden, nirgends anders auch seien die Räume weniger abgeschlossen.

Aber was heißt das: Diffusion von Wissen? Nichts gibt hier eine bessere Anschauung als die Geschichte des römischen Rechts, ohne das Europas Schicksal sicher eine andere Wendung genommen hätte. Sie reicht von der ersten schriftlichen Fixierung der „Zwölf Tafeln" (451 v. Chr.) über die „Digesten" Justinians und das „Corpus Iuris Civilis" aus dem sechsten Jahrhundert n. Chr., das parallel entstandene Kanonische Recht der Kirche über die Rezeption im Hoch- und Spätmittelalter von Pavia, Bologna im zwölften Jahrhundert bis nach Köln, wo Ende des fünfzehnten Jahrhunderts der erste Lehrstuhl für römisches Recht auf deutschem Boden geschaffen wurde; sie spielte für den Napoleonischen Code Civil eine bedeutende Rolle und ist noch nicht zu Ende mit dem Inkrafttreten des Bürgerlichen Gesetzbuchs im Jahr 1900, mit dem die letzten modernisierten Formen dieses Rechts abgelöst wurden. Es ist eine große Geschichte, die viele Varianten kennt: ein Paradefall von Einheit und

Vielfalt in Europa und eine Mahnung, keine falschen Geltungsansprüche an ein übergreifendes europäisches Recht zu stellen.

Das römische Recht war das Recht einer „Verkehrsgesellschaft“ (Franz Wieacker) geworden, welche im ausgehenden Mittelalter begann, die Anschauungen des an Personalverbänden orientierten Gewohnheitsrechts umzuwandeln. Dieses Recht förderte einen gewissen „Besitzindividualismus“ und eine formalisierte Rechtsrationalität, die man enthusiastisch begrüßte oder aber schroff ablehnte. Die Florentiner waren stolz, eine Handschrift der Justinianischen Digesten 1406 als Kriegsbeute aus Pisa forttragen zu können; in Deutschland waren es zunächst die Reichsstädte, welche die Rezeption des römischen Rechts und einen neuen Bürgerbegriff im Zeichen einer grundsätzlichen Gleichheit beförderten. In den Bauernkriegen dagegen galt es der Landbevölkerung als Unterdrückungsinstrument der Landesherren. Im zwanzigsten Jahrhundert forderten die Nationalsozialisten die „Ausmerzung“ jeglichen Einflusses des römischen Rechts, weil es dem Materialismus und der Vereinzelung diene. Man wußte nur zu gut, daß das Europa der bürgerlichen Freiheit im Kokon der Rechtsgeschichte lebt.

Ernst Schubert

Besseres als den Tod

Fand man nicht allemal: Die schwere Welt kleiner Leute

Im Jahre 1500 beschlossen Abgesandte der zehn elsässischen Reichsstädte, allen Bettlern, „die jung und ohne Gebrechen seien", das Almosenheischen bei Strafe zu verbieten. Scheinbar eine Maßnahme ohne größeren Belang. Aufschlußreich ist sie darin, daß sich seit wenigen Jahren vergleichbare Gebote häuften. Die bisher geduldeten Bettler wurden kontrolliert und verfolgt. So war im Abschied des Lindauer Reichstags 1496 gefordert worden, daß gesunde Bettler arbeiten müßten, denn ansonsten würde ein Mangel an „taglönern unt andern arbaitern ... und erhöhung des lons" eintreten. Es geht also nicht um den Bettel, sondern um jenen Arbeitsmarkt, der das Schicksal kleiner Leute bestimmt.

Die Armut gehört zum Mittelalter. Zahlen sind überliefert, sehr roh und im einzelnen erklärungsbedürftig, die belegen, daß etwa die Hälfte der Bevölkerung einer Stadt zu den kleinen Leuten gezählt werden muß, daß auf den Dörfern nicht die Bauern die Hauptlast der sozialen Ungleichheit zu tragen hatten, sondern ihre Knechte und Mägde, ihre Tagelöhner, die „Beständner" (Pächter) und die mühselig, nur Subsistenzwirtschaft treibenden Besitzer kleiner und kleinster Bauernstellen. Jede Hungersnot, die in diesem Jahrhundert mit erschreckender Regelmäßigkeit im Abstand von sieben bis dreizehn Jahren den Menschen widerfährt, legt die Armutsstrukturen erbarmungslos bloß. „Hungersnot geht über alle Not", stellt ein Sprichwort fest.

Wehe dem, der nichts auf dem Kerbholz hat

Die Welt des ausgehenden fünfzehnten Jahrhunderts kennt bereits die Saisonarbeit. Zur Weinlese strömen Menschen von weit her in die Rheingebiete, zum Hopfenzupfen kommen Arbeiter aus einem Umkreis von hundert Kilometern nach Spalt, in Bayern erheben sich warnende Stimmen gegen das „Elsaßlaufen" von Knechten und Tagelöhnern zur Erntezeit. Saisonarbeit aber ist ein Indikator für die Gefahr der Arbeitslosigkeit. Daß der einleitend zitierte Lindauer Reichstagsabschied die Situation auf dem Arbeitsmarkt weltfremd beurteilte, wird nicht zuletzt daran deutlich, daß die Kunde von neu erschlossenen Erzlagern sofort Massen von Menschen in Bewegung setzt. Vom „Bergsegen" sprechen Zeitgenossen und meinen damit auch: ein Gottesgeschenk, das vielen Menschen Arbeit und Brot gibt. Unsere Abbildung zeigt aber auch: Die Welt der kleinen Leute kennt Hierarchien, die der Welt der Großen in ihrer sozialen Distinktion in nichts nachstehen. Im Mittelpunkt unserer Abbildung sehen wir die gequälten Gesichter der Haspler mit ihren zerschlissenen Leinenkitteln und ausgetretenen Stiefeln. Weit unter den Bergknappen stehen sie trotz ihrer schweren Arbeit des Herauswuchtens der Tragekörbe von Erz und Abraum. Die Knappen holen sich (im Vordergrund), nach der Wäsche nur mit Unterhosen bekleidet, ihren Lohn ab. Auf einem Kerbholz vermerkt ein „Verwaltungsangestellter" ihre Arbeitsleistung. Erst aufgrund dieser Kerben erhält der „Knappe" seinen Tagelohn. Das umständliche Verfahren stört den Mann nicht, der voller Freude über das Ende des Arbeitstages ist.

Nicht nur die Arbeit des von schlagenden Wettern bedrohten Bergknappen war voller Risiken. Wie lange konnten die für den Handel unverzichtbaren Träger im Kölner

Hafen ohne Bandscheibenschäden ihre Tätigkeit ausüben, wie lange überstanden die Arbeiter in den Siedehäusern der Salinen die kehlenaustrocknende Hitze und vor allem den fast schon mörderisch zu nennenden Temperaturwechsel zwischen überhitztem Siedehaus und Kälte in der Außenwelt? Was geschieht mit all den Menschen, die ihre Arbeitskraft verdingen mußten, im Alter? Wir wissen es nicht.

Vielleicht aber wissen wir doch ein wenig mehr, als wir glauben. Wer in früheren Zeiten von Esel, Hund, Katze und Hahn hörte, die in Bremen Stadtmusikanten werden wollten, erkannte in ihnen das soziale Problem des alternden Hausgesindes. Mit ihrem Lebensmut gewinnen die vier Genossen ein eigenes Haus, der Traum von Knechten und Mägden hat sich erfüllt.

Nichts hatten Esel, Hund, Katze und Hahn an Altersvorsorge zurücklegen können. Selbst mit fleißigster Arbeit konnten all die kleinen Leute, die ihre Arbeitskraft verdingen mußten, nicht mehr als ihr tägliches Brot gewinnen. Der Nürnberger Rat verfügt, daß den Bauarbeitern schon zur Mittagszeit der Tagelohn bezahlt werden solle, damit ihnen ihre Frauen abends eine Suppe kochen könnten. Die Arbeit der Frau in der Welt der kleinen Leute war selbstverständlich. In Frankfurt sind im Jahre 1475 unter den 2782 Steuerzahlern 733 Frauen. Das gleiche Bild zeigt sich auch in jenen Jahren in Schwäbisch Hall. Fast ein Viertel der Steuerzahler sind selbständig wirtschaftende Frauen. Doch die Zahlen täuschen. Von der Kohlenhändlerin bis zur „Tüchleinsweberin“ können die meisten dieser Frauen kaum mehr als ihren Lebensunterhalt verdienen. Entsprechend gering ist ihre Steuerleistung. Aber immerhin sind sie noch bessergestellt als die vielen Frauen, die Hilfsarbeiten verrichten, wie zum Beispiel die Heringswäscherin, welche die in Salzlake konservierten Heringe vor dem Verkauf zu säubern hat.

Arbeit auf der Halde: Mitten unter leeren und vollen Körben stehen zwei Haspler. Die ärmlichen Gestalten, die an den Winden „Pferdearbeit" leisten, unterscheiden sich von den anderen durch die zerrissenen Kittel und morsche Stiefel. Der Maler betont diesen sozialen Unterschied und die Hierarchie unter den Arbeitern. Ausschnitt aus dem Kuttenberger Graduale, um 1490

Nichts kennzeichnet die soziale Situation all der selbständig arbeitenden Frauen besser als die im fünfzehnten Jahrhundert in vielen Städten gestifteten Kindbetterinnen-Almosen. Die Geburt eines Kindes bedeutete für die Arbeiterin wochenlangen Verdienstausfall. Almosen sollten ihr über diese schwere Zeit hinweghelfen. Not der kleinen Leute ist auch Not ihrer Kinder. Bettelnde Kinder gehören zum Alltag einer spätmittelalterlichen Stadt. Ihr Geschrei, ihr Wehklagen ist ruhestörender Lärm. Deshalb begründet 1531 der Straßburger Rat, man solle die bettelnden Kinder Bürgern in Obhut geben, „uf das man kein geschrei uf den gassen" von diesen Kindern anhören müsse.

„Ei was", so hatte der Esel gegenüber dem verzagten Hahn gespottet, „etwas Besseres als den Tod findest du überall." Lebensmut um 1500: Ziemlich genau auf diese Zeit können wir einen Nachnamen datieren, der bis heute lebt: „Fürchtenicht". Er ist typisch für die damals entstehenden Landsknechtsnamen wie „Jungblut" oder – jedem Thomas-Mann-Leser vertraut – „Schlaginhaufen". Solche Namen erzählen von dem Willen kleiner Leute zur Selbstbehauptung. Wir vermuten, daß hinter einer Namengebung, die sich auf die Zeit der beiden Generationen vor und nach 1500 eingrenzen läßt (schon um 1550 tragen die Landsknechte die ererbten Namen), das Problem der herumstreunenden, bettelnden Kinder steht. Namenlose in einer Welt, in der inzwischen alle ererbte Nachnamen tragen, sind „Nichtswürdige". Sie geben sich selbst ihre Würde wie etwa die Schmiedegesellen. Bis heute leben ihre Namen: Recknagel, Steuernagel, Pinkepank oder Zuckriegel beim Schlosserknecht, Hebsack beim Müllersburschen. Gebildet waren all diese Namen nach dem Vorbild, das die Spielleute gegeben hatten: Preisendanz (ich preise den Tanz), Schickedanz (ich ordne den Tanz) und entsprechend also: Ich schlage in den Haufen der Feinde hinein. Eine

Namengebung also, die nicht von außen gegeben ist, wie Schubert, der Flickschuster, im Gegensatz zum Schuhmacher, sondern selbst gewählt ist, eine Namengebung kleiner Leute, die „ich" sagen.

Spiele als Freuden des Gesindes: Ein Geistlicher berichtet 1470 verärgert über das, was er in Hameln wenige Wochen zuvor gesehen hatte: Am Pfingstmontag und am folgenden Tag seien die Mägde beim Spital zusammengekommen, und nach Art der Weltleute hätten sie ohne jede Gottesfurcht ihre Feste mit Ballspielen, Singen, Tanzen unter Begleitung von Musikinstrumenten gefeiert. Rat und Bürger Hamelns hätten dies sogar trotz der Vorhaltungen des Geistlichen gebilligt.

Wenn man bedenkt, wie wenig Freizeit das Gesinde überhaupt hatte, so wird das Verhalten der Hamelner Bürger verständlich. Wenn man wegen des kirchlichen Feiertages die Mägde nicht zur Arbeit anhalten kann, dann dürfen sie spielen. Es ist allerdings zu bedenken, daß die mittelalterliche Arbeit durchaus nicht die Fröhlichkeit ausschloß, ja daß diese sogar Teil des Arbeitsrhythmus sein konnte. 1467 beklagt sich das Mainzer Domkapitel, daß die Bäckermägde mit ihrem Gesang die Andachten im Dom stören. Statt nun aber engherzig den Frauen das Singen zu verbieten, wird einfach das Brothaus vom Dom vor die Liebfrauenkirche verlegt. Zum Umgang der Bessergestellten mit den kleinen Leuten gehört aber nicht nur Verständnis und bisweilen Erbarmen, sondern auch erbarmungsloses Verlachen sozialer Schwäche. Was verbirgt sich zum Beispiel hinter den vielfach überlieferten „Dirnenwettläufen"? Die Dirnen laufen um einen Preis, etwa ein Scharlachtuch, was für diese armen Frauen einen großen Wert darstellt. Die Bewerberinnen versuchen, sich am Erreichen des Zieles zu behindern. Konkurrenzkampf zur Belustigung der Zuschauer; Messebelustigung etwa in

Nördlingen seit 1471. Schadenfreude ist das eigentliche Erfolgsgeheimnis des 1510 gedruckten Volksbuches vom Till Eulenspiegel.

Wahre Schadenfreude empfindet aber doch nur, wer den Verlachten als Mitmensch, als gleichberechtigt betrachtet. Ein Beispiel: Weit verbreitet sind im ausgehenden Mittelalter Holzschnitte mit den sogenannten Planetenkinderbildern. Gut haben es die, die im Zeichen des Jupiter, schlecht diejenigen, die im Zeichen des Unglücksplaneten geboren sind: „Und wie man in Not und Arbeit soll leben/Das ist Saturnus Kind gegeben." Der Schinder, der Schweinehirt, der Bauernknecht beziehungsweise Tagelöhner, die alte Frau, die (eine Zauberin?) den Galgenberg umkreist – das sind die den Holzschnitten zufolge typischen Kinder des Saturn. Wenn sogar in der Lüneburger Gerichtslaube diese planetarische Anthropologie abgebildet wird, so ist die Mahnung unübersehbar: Richtet nicht nach dem Ansehen in der Welt, berücksichtigt das von höheren Mächten vorbestimmte Schicksal.

Bettler müssen draußen bleiben

1482 erinnert sich Arnold Heymerick seiner Jugend als armer Schüler. Er erzählt, wie er in seiner Schulzeit in Deventer bei Bäckern und Bauern gebettelt habe, ja öfter einen Mundraub begehen mußte. Dem angesehenen Stiftsdekan von Xanten ist die Not noch gegenwärtig. Er gibt der Schuljugend praktische Anweisungen: Fleht vor allem bei reichen Kaufleuten und Witwen, seid bloß nicht schüchtern; ist der Hausherr hartherzig, spendet oft die Magd hinter seinem Rücken. Wir haben allen Grund, einem welterfahrenen Spitalmeister zu trauen, der 1520 beiläufig feststellte, daß es gerade die kleinen Leute seien, die am reichlichsten Almosen spendeten. Mit der teilenden Gabe versicherten sich Menschen einer sozialen Pflicht, auf die sie selbst einmal existentiell angewiesen sein konnten.

Die Welt der kleinen Leute um 1500 ist eine Welt, für die sich die in der Geschichtsschreibung in den Vordergrund gerückte Frage nach den die Reformation vorbereitenden Prozessen gar nicht stellt. Diese kleinen Leute waren in ihrer Existenznot von einer ganz anderen Entwicklung der kirchlichen Geschichte betroffen. Gebettelt wurde im Mittelalter in der Kirche. Schließlich war der Kirchenraum auch ein Begegnungsraum für alle Stände. Und dazu gehörten auch arme Leute, Bettler und Almosen. Arme Leute betrachteten aus ganz praktischen Erwägungen die Kirchen fast als Heimstatt. Der Augsburger Rat mußte 1459 den Bettlern verbieten, in den Kirchen Feuerstellen anzulegen. Die lastende Feierlichkeit, die funktionale Ausrichtung des Sakralraums allein auf Liturgie und Predigt stand noch in weiter Ferne. Die Tendenz, den Kirchenraum zu sakralisieren, spüren als erste die Bettler. Ihnen begegnete man um 1500 nicht mehr in der Kirche, sondern in den Vorhallen, auf den Kirchentreppen, vor den Kirchentüren.

Wer Bettler aus dem Kirchenraum vertreibt, sie auf Haus- und Gassenbettel verweist, gibt sie den subjektiven Mechanismen von Achtung und Verachtung der Welt preis. Und das bildet den Hintergrund für die Tagsatzung des elsässischen Zehnstädtebundes im Jahre 1500. Hier fallen Stichworte, die dann im sechzehnten Jahrhundert allgemein verwendet wurden: Der „starke Bettler“, der „mendicus validus“, der „starcke, unfugsame bettler“ ist aus den Polizeiordnungen der frühen Neuzeit als denunzierender Begriff nicht mehr wegzudenken, er gehört zu dem „herrenlosen Gesindel“, gegen das die territorialen Mandate vom sechzehnten bis zum achtzehnten Jahrhundert eifern werden, ohne zu bedenken. Eingeleitet durch die Bettelordnungen, begann allmählich die Zeit der sozialen Hierarchisierung , die bis zur Diskriminierung reichen konnte. „Arme sind", so sollte 1534 Georg Agricola feststellen, „die von niemandem Schutz und Schirm haben."

THOMAS RATHMANN

Eine Schlacht der Worte und Bilder

Das Konstanzer Konzil als Medienereignis ersten Ranges

Kein weißer Rauch. Die ersehnte Botschaft von der Wahl eines neuen Papstes, „Habemus papam", läßt Ulrich Richental, der Chronist des Konstanzer Konzils, erst eine Schar von Singvögeln künden. „Do beschach ain grosses zaichen von den vogeln, alsbald der bapst erwelt was worden, do komend sovil klainer maisen, buochfinken, rötelin und allerley clainer vogel und die flugend uff des kofhus tach." Zuvor hatte er Krähen, Dohlen und Rabenvögel das Dach des Konklaves bevölkern lassen. Mit ihrem Gekrächze zeigen sie die unheilvolle Kopflosigkeit der Kirche an. Nun aber, am 11. 11. 1417, eint die Christen wieder ein Oberhaupt: Wir sehen, wie Richental den Triumphzug des neuen Papstes, Martin V., durch die Straßen von Konstanz inszeniert.

Beinahe vierzig Jahre hatte das Schisma zuvor die Christenheit gespalten und das Krisenbewußtsein der Menschen verstärkt. In Rom wählten 1378 die Kardinäle Urban VI., erklärten aber bald die Wahl für nicht Rechtens. Im italienischen Fondi wählten sie einen anderen Papst: Clemens VII. Beide Päpste, der eine in Rom, in Avignon der andere, bildeten eigene Gefolgschaften mit desaströsen Folgen für das kirchliche und politische Leben in ganz Europa, denn die Grenzlinien zwischen den Obödienzen trennten Bistümer, Städte und Länder ebenso wie das akademische Leben. Die Universitätsgründungen in Heidelberg oder Buda resultierten aus dem Schisma, und um die Prager Universitat, die Urban VI. anhing, zu schwächen, stiftete Clemens VII. 1379 ein Konkurrenzunternehmen in Erfurt. Das Kirchenrecht sah

Der neue Papst reitet ein

für den Fall, daß zwei Prätendenten auf den Heiligen Stuhl das Gebot zur Wahrung der Einheit der Kirche dauerhaft mißachten, keine Lösung vor, weil eine janusköpfige Kirche gemäß der hierarchischen Ekklesiologie undenkbar ist.

Der Florentiner Kardinal und Jurist Franciscus Zabarella brandmarkte schließlich die Doppelbesetzung als häretisch. Nur durch ein Konzil sei sie aus der Welt zu schaffen. Diesem Vorstoß schlossen sich die Kardinäle des avignonesischen Papstes an. In einem bis heute einmaligen und umstrittenen Vorgang reklamierten beide Kardinalskollegien das päpstliche Privileg zur Konvokation eines Konzils für sich und beriefen 1409 ein Konzil nach Pisa, wo Gregor XII. und Benedikt XIII. abgesetzt wurden und Alexander V. zum neuen Papst gewählt wurde. Doch dachten die beiden Abgesetzten gar nicht daran zu demissionieren. In dieser Lage ergreift der ehrgeizige deutsche König Sigmund die Initiative. Er ringt Johannes XXIII., dem Nachfolger des Pisaner Papstes, die Einberufung eines weiteren Konzils ab. In zähen Verhandlungen gelingt es ihm, als Konzilsort Konstanz durchzusetzen: eine Stadt auf neutralem Boden und als europäischer Verkehrsknotenpunkt für Italiener ebenso gut zu erreichen wie für Spanier, Franzosen, Ungarn, Böhmen und die Nordländer.

Im Herbst 1414 setzt aus ganz Europa der Strom der kurialen Delegationen – auch der orthodoxen Kirche – nach Konstanz ein. Kirchliche, kurfürstliche und gräfliche Machthaber, Repräsentanten vieler Königshäuser, Abgesandte von Bistümern, Orden, Abteien, Städten und Provinzen sowie Magister und Professoren vieler Universitäten treffen am Bodensee zusammen und organisieren sich in vier höchst heterogenen, „Nation“ genannten Stimmgruppen: Italica, Gallicana, Anglica und Germanica.

Die konziliare Agenda – die Beseitigung der Kirchenspaltung, die Eindämmen der religiösen Unruhen, des Hussitismus in Böhmen und die Kirchenreform – erfordert die Anwesenheit all dieser Teilnehmer. Sie versammeln sich zu dem ersten europäischen Kongreß, bei dem Intellektuelle einen weltpolitischen Krisenherd – in Unkenntnis der Neuen Welt wähnte sich Europa im fünfzehnten Jahrhundert schon als die Welt – gemeinsam mit Politikern entschärfen. Am Ort treffen auch die spin doctors der verschiedenen Lager und Nationen aufeinander – hier König Sigmund, dort die französischen Kardinäle D'Ailly und Fillastre, dazwischen Zabarella. Hatten sie ihre juristischen und diplomatischen Vorstöße bislang auf langwierigen Botenwegen lancieren müssen, so verkürzen sich jetzt die Wege, beschleunigt sich der Informationsaustausch, verzweigen sich die kommunikativen Strukturen, und es gilt, die Strategien den örtlichen Bedingungen anzupassen, um divergierende Interessen durchzusetzen, ohne das Konzil scheitern zu lassen. Fraktionen sind zu bilden, Gremien zu besetzen, Ausschüsse zu beschicken.

Einflußreich wird vor allem die Gruppe der Magister und Professoren, die Congregatio doctorum. Bei allem Unionswillen: Es geht um Macht und Pfründen bei der Frage, wie man die Einheit wiedererlangt. Soll man alle drei Päpste absetzen und einen neuen wählen – was die Franzosen wollen und womit sie sich durchsetzen werden? Soll das Pisanum fortgesetzt werden, Johannes XXIII. also vom Konzil als verus, unicus et indubitatus pontifex bestätigt werden – was die Italiener und der Papst selbst im Schilde führen?

Die Konzilsschreiber haben das Szenario festgehalten. Neben den Traktat und das juristische Gutachten tritt die Predigt, der Antrag in der Sessionssitzung oder die rhetorische Attacke, die nun im forensischen Rahmen auch physisch inszeniert und auf der Stelle pariert werden muß. Dieses Konzil ist vor allem ein mediales, ja textuelles Ereignis, eine gigantische Zirkulation von Texten und Sprechhandlungen. Was anders hat man getan als debattiert, gepredigt, geredet, Geredetes aufgeschrieben, Aufgeschriebenes in Umlauf, Dekretiertes in Anschlag gebracht, gelesen und erneut darüber geredet und geschrieben?

Dieser Diskursivität des Geschehens ist man sich bereits bewußt und bringt sie als Medium der Ereignisgestaltung gezielt zum Einsatz: Das zeigen die umstrittenen konziliaristischen Dekrete, wenn man sie auf ihren rhetorischen und strategischen Kern befragt. Das erweisen ebenso die Gesta des Konzilspolitikers und Papstwählers Guillaume Fillastre, die, ohne daß der Autor sich zu erkennen gibt, Rechenschaftsbericht, Tagebuch und Zeitgeschichtsschreibung in einem sind. Doch dienen sie nicht allein privater memoria, sondern sie beeinflussen, noch während des Konzils in Umlauf gebracht, das Geschehen: Da werden Handlungen kommentiert, Informationen unterschlagen und Gerüchte gestreut, da wird der König erst belobigt, später sinistrer Absichten gescholten und als Gegenspieler des Heiligen Kollegs bloßgestellt, der die Union aufs Spiel setze. Die Textur dieser Notate ergibt gar keinen anderen Sinn als den, daß sie einen integralen Bestandteil des Konzils selbst darstellen.

Kaum anders ist die Chronik des Konstanzer Bürgers Ulrich Richental zu interpretieren. Heute würde man so jemanden einen akkreditierten Journalisten nennen. Er hat im Vorfeld als Quartiermeister seine Ortskenntnisse vermarktet und das Konzil von Anfang an begleitet. Man wußte um seine chronistischen Absichten und spielte ihm Hinweise zu. Er hat Nachrichten gesammelt, für Informationen auch wohl Geld bezahlt und seine Aufzeichnungen nachher zu einer umfangreichen, bebilderten Chronik umgeschrieben.

Gemeinsam mit den Liedern Oswalds von Wolkenstein, den Briefen des italienischen Humanisten Poggio Bracciolini oder den Liedern des Spruchdichters Muskatblut prägte die Richental-Chronik mit ihren zahlreichen Abschriften und Drucken das kollektive Gedächtnis des Konzils. Noch in der jüngst restaurierten Bethlehemskapelle in Prag findet sich ein Wandgemälde aus dieser Chronik, das Jan Hus auf dem Konstanzer Scheiterhaufen zeigt. Was als Signatur der Moderne gilt, der Einsatz von Information zur Durchsetzung von Interessen, läßt sich also bei diesem Ereignistypus der Vormoderne bereits beobachten, nur daß hier noch Brief und Tagebuch als strategische Medien genutzt werden und mit Lied und Chronik Politik gemacht wird.

Norbert Schnitzler

Bist du Gott, dann wehr dich

Bilderstreit und Bildersturm: Die kulturelle Reformation beginnt bereits im Mittelalter

Das Jahr 1413 war kein glückliches Jahr für Antonio di Tome, Sproß einer angesehenen Familie aus der Gegend um Florenz. Wegen Gotteslästerung, inzestuöser Beziehungen zu einer Nichte und einer Reihe weiterer Fehltritte wurde ihm der Kopf abgeschlagen. Es hätte schlimmer kommen können: Ein qualvoller Flammentod im Holzkäfig blieb ihm erspart. Indes, das unbarmherzige Urteil – Schlußpunkt einer klassischen Gewalttäterkarriere – war zwar auch für damalige Verhältnisse hart, doch keineswegs ungewöhnlich. Florenz unterschied sich darin nicht von anderen europäischen Handels- und Gewerbemetropolen. So läßt sich der Fall di Tomes mit einer ganzen Reihe ähnlich gelagerter Fälle in Zusammenhang bringen, in denen die Gewalttätigkeit ihrer Protagonisten selbst vor Heiligen nicht haltmachte. Abgesehen von seinen Unzuchtsvergehen, wurde Antonio vor allem ein Opfer seiner Spielleidenschaft: In einem Wutanfall zerschnitt er ein Gemälde Marias, wenig später zerkratzte er ihr Antlitz auf einer Münze.

Fallstudien zur spätmittelalterlichen Kriminalität haben ergeben, daß sich solche religiösen Vergehen im Verlauf des vierzehnten und fünfzehnten Jahrhunderts zunehmend in den oberen Rängen der Deliktstatistik etablierten. Venedig, Basel, Köln oder Paris – allerorten trifft man in den städtischen Gerichtsbüchern auf bilderfrevelnde Missetäter. Die meisten kamen mit einem vergleichsweise glimpflichen Urteil davon: Stadtverweise, Prügelstrafen oder Geldbußen. Welche Motive hinter den mehr oder weniger spontan auftretenden Gewaltexzessen gegen Gott und seine Heiligen standen, ist allerdings umstritten. Eine erste Antwort hierauf liefert die zeitgenössische Literatur.

Filippo Agazzari, ein Augustinerbruder aus Siena, hat zu Beginn des fünfzehnten Jahrhunderts eine beeindruckende Zahl von Bilderfreveln in seiner Sammlung erbaulicher Erzählungen („Assempri") zusammengetragen. Später kursierten sie dann auch durch das übrige Europa. Im Zentrum seiner frommen Anekdoten steht natürlich der Glaube seiner Zeitgenossen – aber mehr noch das Tun, das aus ihrem „Glauben" resultiert. Die Ausgangskonstellation ist immer gleich. Enttäuschte Erwartungen, Beleidigungen, tätliche Angriffe – nicht selten fühlten sich Heilige ihrerseits zu körperlicher Gegenwehr veranlaßt. „Drei Tage und Nächte lang peinigte ihn das Antonius-Feuer, ohne daß er aufhörte zu stöhnen", liest man etwa über das Schicksal eines Spielers, der ein Bildnis des genannten Heiligen attackiert hatte, und „so schied er auf erbärmliche Weise aus seinem erbärmlichen Leben".

Unser Sieneser Autor wollte damit sagen: Mittelalterliche Christen gestalteten ihre Beziehungen zum Heiligen analog zu ihren sozialen Beziehungen im Alltag. Sie begriffen sich als Teil einer Klientel, die in Abhängigkeit zum jeweiligen Heiligen stand, als Nutznießer einer persönlichen, auf wechselseitige Verpflichtung hin angelegten Beziehung. Zu den Voraussetzungen dieses Modells gehörte die Überzeugung, daß das persönliche Ansehen – Ehre, gewiß! – durch ein möglichst eng geknüpftes Netz von sozialen Beziehungen gesichert wurde. Die Bande zwischen Heiligen und irdischem Gefolge erschienen somit nicht minder angreifbar und einklagbar, erzeugten Konkurrenz und Solidarität.

In den didaktischen Miniaturen und Anekdoten italienischer Autoren wird diese pragmatische Haltung der Laien, ihre gewissermaßen religiöse Experimentierfreude besonders spürbar. Sie bilden somit auf äußerst eingängige Weise soziale Wirklichkeit ab. Sie helfen uns, konkrete Vorgänge zu verstehen, die in amtlichen Aufzeichnungen nur knapp und fragmentarisch Erwähnung fanden. Was unser museal ge(tr)übter Blick oft geneigt ist auszublenden: Eingriffe ins Bildgeschehen, regelmäßige Veränderungen des „Rahmens", das heißt der Präsentationsform von Darstellungen, und entsprechend tatkräftige Manipulationsversuche erzeugten immer eine gewisse Unruhe in der Umgebung von plastischen und gemalten Darstellungen. Pointiert könnte man sagen, mittelalterliche Betrachter von Bildern verletzten ständig die uns so geläufige Schwelle in Gestalt von Holz, Stuck und Blattgoldverzierungen: Sie salbten und segneten Bildnisse eines Heiligen, setzten sie mit Gebetsformeln und bisweilen physischer Gewaltanwendung unter Druck, erniedrigten, degradierten sie förmlich.

Solche zeremoniell vollzogenen Bildfrevel übernahmen damit eine – wenn man so will – notwendige Kontrollfunktion gegenüber den amtskirchlich sanktionierten Formen der Verehrung. Sie mahnten den Betrachter beständig an die „nur" imaginierte Beziehung zwischen Objekt und angebetetem Heiligen.

Anders als im Süden gerieten Blasphemiker und bilderfrevelnde Gläubige jenseits der Alpen jedoch alsbald ins Visier argwöhnischer Kirchenfürsten. Bereits am Ende des vierzehnten Jahrhunderts äußerten Theologen Befürchtungen vom Wiederaufleben längst überwunden geglaubter frühmittelalterlicher ikonoklastischer Bewegungen. Eine Reihe von Traktaten zur abendländischen Bildfrömmigkeit und ihren Problemen entstand. Aus diesen Texten spricht ein wachsendes Gefühl der Bedrohung. Unter dem Stichwort

Die Benediktiner von St. Denis wurden 1410 beschuldigt, „gefälschte“ Bilder als Beweise in einem Reliquienprozeß zu verwenden. Im Interesse zeitgemäßer Heiligenverehrung hatten sie schon ein Jahrhundert zuvor Dionysius zum Bilderstürmer stilisiert

„abusus imaginum“ wurden vielfältige abergläubische Praktiken, aber auch dämonische Manipulationen und „ketzerisches“ Tun zusammengefaßt. Daß man Heiligenbilder gelegentlich verulkte, sie mit Schlägen traktierte oder gar mit Wasser überschüttete, war hinlänglich bekannt. „Doch nur die vnglaubigen vnd vnselig kaczer“, so warnt Hieronymus Pollster, ein Prediger aus dem Süddeutschen, in einem Dekalogkommentar, „vnd villeicht etlich gar erstockt sunder die tretten mit den fiessen oder speyen darauff vnd ander griss verschmech tuond sy in.“ „Violatores“ oder „prophanatores“ lauteten Bezeichnungen, mit denen man den Urhebern solcher spontaner Attacken auf kirchliche Kult- und Andachtsbilder zunächst begegnete. Doch schon bald wurde der Begriff Ikonoklasmus geläufig: „iconoclastae, id est imagini fragi“ – Ikonoklasten, das sind die Bildbrecher.

Ikonoklasmus (Bildersturm) wurde nun in einen Kampfbegriff umgemünzt, in ein wirklichkeitsstiftendes gesellschaftliches Deutungsschema. Betont wurde der Aspekt kollektiver Gewalt, die Nähe zu Aberglauben, Ketzerei und Häresie. Ein häufig geäußerter Vorwurf der Bilderkritiker an die Adresse der Kirche, einer allfälligen Anthropomorphisierung Vorschub zu leisten, das heißt dem irregeleiteten Wunsch nach Vermenschlichung göttlicher Wesen und heiliger Wahrheiten, wurde umgehend zurückgegeben: Bilderstürmer verwechselten Bild und Person, sie wollten nicht das Bild treffen, sondern denjenigen, den es „bedeutet“.

Der begriffs- und wortmächtige Vernichtungsfeldzug der Gelehrten zeitigte Folgen. Ein Echo auf die böhmischen Verbänden vorauseilende Fama blasphemischer Exzesse kam 1430 aus dem polnischen Tschenstochau. Die Übergriffe polnischer Adliger auf das Kloster, in deren Verlauf sie der „Schwarzen Madonna“ ihren kostbaren Schleier raubten und das Bild selbst mit zwei Säbelhieben „verletzten“, hatte man sogleich böhmischen Hussiten in die Schuhe geschoben, die aus Schlesien gegen das Kloster vorgerückt waren.

Dem nämlichen Tenor folgen Schilderungen, wie sie der Wiener Theologe Johannes Nider über das Eindringen hussitischer Truppen ins oberfränkische Kulmbach im gleichen Jahr niederschrieb. Hilflos hatten die Bewohner der Stadt dabei zusehen müssen, wie ihre Vorräte geplündert wurden und, schlimmer noch, eine Christusfigur vom Ölberg in der Kirche, Prestigeobjekt stadtbürgerlicher Stiftungsfreude, entfernt und durch die Straßen geschleift worden war. Das Weitere hielt unser Chronist in einer bestechenden Momentaufnahme perfider gegnerischer „Greueltaten“ fest: Vor einer anderen Christusfigur mit zum Gebet erhobenen Armen erschien ein Hussit mit gezücktem Schwert, rief mit erhobener Stimme: „Wenn's beliebt, so befrei' Er sich“! und schlug ihr daraufhin den Kopf ab. Schilderungen wie diese haben entscheidend dazu beigetragen, nicht nur das Bild einer blindwütigen Häresie zu popularisieren, sondern auch eindrückliche Beispiele für das angebliche Erstarken bilderstürmerischer Bewegungen zu liefern. In vergleichbarer Weise wurde der Ikonoklasmus-Vorwurf von Vertretern der Kirche erfolgreich gegen englische Lollarden, italienische Waldenser und nicht zuletzt gegen jüdische Glaubensangehörige instrumentalisiert.

Auch auf rechtlich-institutioneller Ebene setzte sich die antihussitische Kampagne fort. Affektgeladene Übergriffe auf Heiligenbilder, wie sie der Alltag in einer marktorientierten, zugleich aber religiös durchdrungenen Stadtgesellschaft hervorbrachte, gerieten nun rasch in den Ruch häretischer Umtriebe. In fränkischen und bayerischen Städten mußten in der Mitte des fünfzehnten Jahrhunderts mehrere Bilderfrevler den Scheiterhaufen besteigen. Im Jahr 1479, rund fünfzig Jahre nachdem ein Kölner Provinzialkonzil ein Dekret gegen hussitische Bilderstürmer verabschiedet hatte, ermahnte der Rat der Rheinmetropole alle Bürger in einem Erlaß, weder Gott und seinen Heiligen zu fluchen noch „mit Messern oder anderer Wehr auf Bilder oder Kruzifixe einzustechen“. Eine Schlußfolgerung liegt somit auf der Hand: Lange vor der Reformation scheint der Begriff Bildersturm als emotionalisierende Vokabel und klar umrissener Kampfbegriff wirksam gewesen zu sein.

Als in den ersten Jahrzehnten des folgenden Jahrhunderts einige „Martinianer“ daran gingen, den „Götzendienst“ der Papstkirche zu geißeln, konnten sie daher einer lebhaften Gegenwehr gewiß sein. Allerdings verfügten sie ihrerseits über eine breit ausgearbeitete Rhetorik der Bilderfeindschaft sowie über erprobte Strategien symbolischer Gewaltanwendung. In geradezu mustergültiger Weise wird dies in einem Zürcher Gerichtsverfahren gegen den Schustermeister Klaus Hottinger dokumentiert, einem ersten „Blutzeugen“ (Bullinger) evangelischen Glaubens in der Eidgenossenschaft. Der Zürcher Bürger – wegen Blasphemie und glaubensfeindlichem Aufruhr 1524 im benachbarten Luzern enthauptet – steht am Anfang einer Reihe ikonoklastischer Karrieren des sechzehnten Jahrhunderts.

Augenscheinlich hatte er seine spektakuläre Aktion von langer Hand geplant. Der eigenhändig und popularitätsheischend gestürzte „Götze“, ein gewaltiges Kruzifix in einer Zürcher Vorstadt, war dem „Bilderstürmer“ bereits im Vorfeld der Tat von einem Stifter überlassen worden; zudem hatte er sich der Rückendeckung mehrerer Ratsmitglieder versichert. Unmittelbar im Anschluß an die Aktion stellte er sich freiwillig. Vor dem Rat rechtfertigte er sein Handeln mit dem Hinweis, daß Bilder laut biblischem Gebot nicht geduldet werden dürften, ihr Verkauf als Brennholz zugunsten „hausarmer Leute“ eher dem Gedanken der christlichen Heilslehre entspreche. Unbeirrt trat er daraufhin die angeordnete Turmhaft an: „Mir geschehe nach dem Willen Gottes." Unverkennbar hafteten bereits dem Vorfall selbst zahlreiche Elemente gezielter Selbstinszenierung an. Er schien geradezu darauf angelegt, Hottinger zum Idealtyp des religiös motivierten Bilderstürmers zu stilisieren.

Auch das fünfzehnte Jahrhundert, Säkulum des Aufbruchs und der Entdeckungen, kam am Ende noch ins Trudeln und mündete in die Wirrnisse der frühen Reformationsjahre. Die abendländische Kontroverse um die Bilderverehrung, die seit der Mitte des vierzehnten Jahrhunderts Theologen und in wachsendem Maß auch Laien in Bann geschlagen hatte, zeitigte erstmals langfristige, Europa insgesamt erfassende Folgewirkungen. So kamen auch die theologischen Vordenker der Reformation nicht an dem im fünfzehnten Jahrhundert verfestigten Deutungsschema vorbei, dem zufolge Ikonoklasmus und Idolatrie zwei Seiten einer Medaille bildeten. Nach Auffassung spätmittelalterlicher Theologen entsprangen beide einer gemeinsamen Wurzel und erschienen ihnen daher ursächlich verbunden: der Verwechslung von Bild und Person. Beide Verhaltensweisen, diejenige des Bilderstürmers sowie diejenige des Götzendieners, erwiesen sich somit als gegensätzliche Pole, zwischen denen der kirchlich sanktionierte Bildgebrauch wie auf einem schmalen Grat wandelte. Es ist der Überzeugungskraft dieses spätmittelalterlichen dialektischen Deutungsschemas zuzuschreiben, daß bis in unsere Gegenwart ein Streit um „die Kunst" geradezu zwangsläufig in einen Streit zwischen „Götzendienern" und „Bilderstürmern" mündet.

Auch mag es sein, daß in der auffälligen ikonoklastischen Aktivität der Nordeuropäer eine spezifische Haltung gegenüber dem Transzendenten zum Ausdruck gelangt. Erinnern wir uns beispielsweise der anhaltend und eifersüchtig geführten Diskussion um die Kuppel des Berliner Reichstagsgebäudes. Brunelleschi hatte seinerzeit die Überwölbung des Chores der Florentiner Domkirche bereits schlicht als architektonische Herausforderung begriffen, Schwerkraft zu meistern – heute scheint es einmal mehr ein Ringen mit der Götzenwelt.

Frankfurter Anthologie

Redaktion: Marcel Reich-Ranicki

Oswald von Wolkenstein

Durch Barbarei

Durch Barbarei, Arabia,
durch Harmanei in Persia,
durch Tartarei in Suria,
durch Romanei in Türggia,
Ibernia, der sprüng hab ich vergessen.
Durch Preussen, Reussen, Eiffenlandt,
gen Litto, Liffen, übern strant,
gen Tenmark, Sweden, in Prabant,
durch Flandern, Frankreich, Engelant
und Schottenlant hab ich lang nicht gemessen.
Durch Arragun, Kastilie,
Granaten und Afferen,
auss Portigal, Ispanie
pis gen dem vinstern steren,
von Provenz gen Marsilie –
in Races pei Saleren,
daselben plaib ich in der e,
mein ellend da zu meren
vast ungeren.
Auff ainem kofel rund und smal,
mit dickem wald umbvangen,
vil hoher perg und tieffe tal,
stain, stauden, stöck, snestangen,
der sich ich täglich ane zal.
noch aines zwingt mich pangen,
das mir der klainen kindlin schal
mein oren dick bedrangen
hat durchgangen.

THOMAS KLING

Der Sprüng hab ich vergessen

Über: *Oswald von Wolkenstein, Durch Barbarei*

Oswald von Wolkenstein, Tiroler Ritter von der Alpensüdseite, war ein unsteter Geist, ein Draufgänger gewesen, einer, der in der Welt weit herumgekommen ist. Davon spricht das Gedicht. Ein gealterter Mann trumpft noch einmal auf, indem er zunächst an die dreißig Länder und Städte aufzählt, in denen er gewesen ist: eine beeindruckende Reihung, bei der die Namen, auch klanglich-rhythmisch geordnet, einer geographischen Logik folgen. Allerdings gegen den Uhrzeigersinn.

Vom Süden (der gleich eingangs aufhorchen machenden Barbarei entspricht das von Berbern bewohnte Nordafrika) zeigt Wolkensteins Windrose gleichsam einmal rund um den im 15. Jahrhundert bekannten Erdkreis, streift Armenien (Harmanei), Byzanz (Romania), den Nordosten Europas mit dem Baltikum (die Nehrung heißt bei ihm der strant), tut auf der Iberischen Halbinsel Granada und Navarra (Afferen) Erwähnung, bevor Wolkenstein in seiner imposanten Reiseaufzählung den Süden wieder erreicht hat: die für ihre Trobadors weit vor Oswalds Zeiten berühmte Provence und Marseille.

Was er dort jeweils im einzelnen getan hat, sagt der Dichter und Sänger, der sonst gerne die Fakten auf den Tisch legt und nicht gerne mit der Meinung hinterm Berg hält, seinen Hörern, uns heutigen Lesern, nicht. Liebe, Kriege, Entführung, Haft, erlittene (und zugefügte?) Folter – dies alles schenkt Wolkenstein seinem Publikum in dem Gedicht.

Nicht ohne (selbstironischen) Kommentar: der sprüng hab ich vergessen. Sprüng, das ist im Mittelhochdeutschen der Galopp, das „Sprunghafte" (lies: Tanzende) wie das Aussparende des Gedichtes, das mit Namens-Magie arbeitet – heute üblicherweise namedropping genannt. Die Anspielung auf das nachlassende Gedächtnis des Ichs (wie das des Publikums) haben hier gleichermaßen Gewicht.

Die Lebenszeit des „Wolkensteiners", so Oswalds Selbstbezeichnung, der ein relativ hohes Alter erreichte, 1445 starb und bei den Augustinern in Brixen beigesetzt wurde, fällt in die bewegte Epoche der Hussitenkriege, der das durch den Justizmord an dem tschechischen Reformator Jan Hus berüchtigte Konstanzer Konzil vorausging. Hiervon ist in vorliegendem Gedicht nicht die Rede, Böhmen bleibt vom Kriegsteilnehmer unerwähnt. Auch kommt nicht zur Sprache, was der junge Mann in den baltischen Ländern erlebt hat, erleben mußte: Zur Erziehung eines Knappen nämlich gehörte die knallharte Ausbildung bei den Ordensrittern in Osteuropa. Hier wird Oswald von Wolkenstein gelernt haben, die Trommel zu schlagen, was seinen hochrhythmischen und klangbezogenen, oft auch in mehreren Sprachen geschriebenen Gedichten zugute kam, wie auch seinen öffentlichen Auftritten als vortragender Sänger.

Der zweite Teil setzt ebenfalls, wie der überraschend-exotische Auftakt, mit einem Paukenschlag ein. Die tragikomische Klage hat der Dichter sicherlich beim Auftritt mimisch weidlich ausgespielt. Nach der Überhäufung mit fernsten Namen verabreicht der Wolkensteiner nun die kalte Dusche: In Ratzes am Schlern, einem abgelegenen Hochgebirgs-Flecken in der Nähe des Brenner, ist in fortgeschrittenen Jahren der Sprach-Weltreisende seßhaft geworden, verheiratet zudem (daselben plaib ich in der e), er langweilt sich tödlich in einem geradezu zeitlupenhaft verlaufenden, als nur mehr eng empfundenen Leben. Durchaus nicht die starke Pointe scheuend, beklagt Oswald von Wolkenstein abschließend, daß er den nervtötenden, die Arbeit einschränkenden Lärm seiner Kinder hat ertragen müssen: Dies zwingt mich pangen, macht ihm angst – nicht der Schlachtenlärm von ehedem, nicht der zu erwartende Tod. Der wird im humorgesättigten Ende, das die Altersdepression abzufangen sucht, weggelacht.

Wolkenstein tut das, was des Dichters ist – er läßt Namen für sich arbeiten. Das Gedicht verzichtet auf anekdotische Nacherzählung, zieht Knappheit vor. Er reicht seinen Lesern und Hörern das Instantpulver, das wir, lesend, zum Getränk aufschäumen lassen können. So löst der Dichter sich auf im eigenen Produkt.

Oswald von Wolkenstein: „Lieder“. Mittelhochdeutsch und Neuhochdeutsch. Herausgegeben, übersetzt und erläutert von Burghart Wachinger. Verlag Philipp Reclam, Stuttgart 1967. RUB 2839.

Albrecht Kunkel

Formelbuch

a bb ccc d...

Rund 3,35 Megabyte, kaum Fehler, ein nie wieder betriebener typographischer Aufwand: die 42-Zeilen-Bibel des Johannes Gensfleisch zur Laden, genannt Gutenberg (vor 1400 bis 1468), ist die Reliquie der Schwarzen Kunst. Gelehrte Schreiber hatten zuvor jeweils fünfzehn bis achtzehn Monate gebraucht, um die Heilige Schrift einmal zu kopieren. Die Pressen überall in Europa stießen in den rund vier Jahrzehnten bis 1500 mehr als neun Millionen Bücher aus – allein der erste Bestseller unter diesen Inkunabeln, die „Imitatio Christi" des Mystikers Thomas a Kempis (1380 bis 1471), erreichte neunundneunzig Auflagen.

Die epochale Leistung des Mainzer Goldschmieds ist nur mittelbar am merkantilen Erfolg seiner Erfindung und am ideellen Gewinn allgemeiner Bildung durch Lektüre zu ermessen. Weil er den Streit um das Risikokapital verlor, hatte er daran keinen Anteil mehr. Beispiellos innovativ war vielmehr sein interdisziplinäres Forschungs- und Entwicklungsprogramm; denn die Schlüsselidee Gutenbergs war nicht primär die Vervielfältigung von Texten, sondern die Serienfertigung von beliebig kombinier-, auswechsel- und wiederverwendbaren Präzisionsteilen für die Abbildung der kleinsten Textelemente – der einzelnen Buchstaben und Zeichen sowie der Wortzwischenräume. Realisiert hat er sie mit dem Handgießinstrument, wie es dann jahrhundertelang zur Herstellung von Schriftsätzen verwendet wurde.

Urform jeder Letter war eine stählerne Punze mit erhabenen, aber seitenverkehrt graviertem Buchstaben. Wurde diese Patrize in Kupfer oder Messing geschlagen, entstand eine Matrize mit seitenrichtig eingetieftem Buchstaben. Das Gießinstrument war so konstruiert, daß es Matrizen für alle Typen eines Schriftgrades – ob mit dem schmalen i oder dem breiten m – aufnahm.

Die beiden Kolumnen jeder Seite der 42-Zeilen-Bibel enthalten 2600 Buchstaben. Gleichzeitig wurde jeweils eine Seite gedruckt, die nächste gesetzt sowie der Satz der vorigen aufgelöst; und da vier bis sechs Setzer tätig waren, mußten mindestens 46 800 Lettern zur Verfügung stehen.

Charakteristisch für Gutenberg ist, daß er sich nicht mit dem großen und kleinen Alphabet samt Interpunktionszeichen begnügte, sondern zudem Ligaturen, Abkürzungen sowie Buchstabenvarianten für ein ästhetisch ausgeglichenes Zeilen- und Kolumnenbild verwenden ließ. Offenbar fand er für seine Lettern die ideale Legierung von etwa siebzig Prozent Blei, fünfundzwanzig Prozent Zinn und fünf Prozent Antimon. Seine Druckfarbe aus Kienspanruß und Leinölfirnis, versetzt mit etwas Harn und Eiweiß, ist noch heute tiefschwarz und samtig glänzend; und seine Druckpresse war eine genial einfache Adaption früherer Spindelpressen. Die Synthese dieser Errungenschaften gelang Gutenberg so vollkommen, daß sie bis zu Beginn des neunzehnten Jahrhunderts technischer Standard blieb.

Lothar Müller

Im Gerüst

Der Glöckner und der Tod der Kathedrale

Zum Titel von Victor Hugos Roman „Notre-Dame de Paris" (1831) gehört die Jahreszahl 1482. Es ist ein historischer Roman, und so könnte man meinen, der Autor wolle aus dieser Jahreszahl wie aus einer magischen Formel die Welt der Vergangenheit als ein Panorama aus Worten aufsteigen lassen. Aber schon der erste Satz des Buches durchtränkt den Schein der Gegenwart des alten Paris mit dem Bewußtsein des unaufhebbaren Abstandes, in den es gerückt ist: „Heute vor dreihundertachtundvierzig Jahren, sechs Monaten und neunzehn Tagen geschah es ..." Victor Hugo bietet alle seine Kunst auf, um mit den Mitteln der Einbildungskraft dem Leser das Paris des fünfzehnten Jahrhunderts vor Augen zu führen. Aber er bricht auf Schritt und Tritt mit der Illusion der gegenwärtigen Vergangenheit. Er hat im Gestus des Erzählens teil an einer der großen Errungenschaften des neunzehnten Jahrhunderts, der imaginären Archäologie. Er läßt den Leser darüber nicht im Zweifel, daß er aus Schriftzeugnissen und bildlichen Überlieferungen etwas Verschwundenes, Fragmentiertes in Worten wieder aufbaut.

Man sagt, Victor Hugo habe beim Schreiben des Romans allabendlich einen der Türme von Notre-Dame bestiegen, um sich zu inspirieren. Aber die Kathedrale, von der er auf das Paris kurz vor der Juli-Revolution hinabblickte, war nur dem Namen nach mit der seines Buches identisch. Denn Quasimodo, der Glöckner, der Erzdechant Claude Frollo und Esmeralda, die Zigeunerin, waren wie alle Dämonen daraus verschwunden, und eben dieses Verschwinden ist der Gegenstand des Romans: „... daß Notre-Dame heute denjenigen, die von Quasimodos einstiger Existenz wissen, verödet, leblos, ja tot erscheint. Der Riesenkörper ist entseelt, ist nur noch ein Gerippe. Der Geist hat ihn verlassen. Wohl erkennt man noch dessen frühere Wohnstätte, aber das ist alles."

Man könnte versucht sein, dies für den Seufzer eines Rechtgläubigen zu halten, der auf eine Welt zurückblickt, in der das Volk, die katholische Kirche und die Stadt eine Einheit bildeten. Aber der historische Roman und die imaginäre Archäologie haben sich hier statt mit dem religiösen Konservatismus mit einer anderen Tochter der Romantik verbunden: der Denkmalpflege. Auch sie wird im neunzehnten Jahrhundert zu einer kulturellen Macht, und Victor Hugo gehörte zu ihren wortmächtigsten Herolden.

Die Vorbemerkung zur definitiven Ausgabe von „Notre-Dame de Paris" (1832) ist ein Seitenstück zu den beiden Artikeln gegen die „démolitions", die Zerstörungen, Abrisse und Verstümmelungen romanischer Kirchen, gotischer Kathedralen und anderer Zeugnisse der alten Architektur, die Victor Hugo seit 1825 veröffentlichte. Er hat ein Bild für den Furor des Verschwindens und Abreißens, für den Untergang des alten im modernen Paris. Es ist das Gerüst. Wo es sich um ein altes Bauwerk legt, sind dessen Tage gezählt.

Mit der Prophezeiung, daß Notre-Dame vom Erdboden verschwinden werde, hatte schon das Vorwort zur Erstausgabe geendet. Gegen diese Version der Leere ist der Roman geschrieben. Er verwandelt die Kathedrale, deren imaginäre Archäologie er betreibt, in ein virtuelles Objekt der Denkmalpflege. Victor Hugos Prophezeiung ist nicht eingetroffen. Notre-Dame steht nach wie vor auf der Île de la Cité mitten in Paris. Der Roman aber ist dadurch um seinen Gegenstand nicht betrogen. Die Prophezeiung der faktischen Leere ist nur eines seiner Ornamente. Gerüst und Abriß sind nur seine Chiffre für den symbolischen Tod der Kathedrale. Ihn verkündet das wilde Glockengeläut Quasimodos. Von ihm sprechen die griechischen Buchstaben der alten Inschrift, aus der Hugo in der Vorrede den Roman hervorgehen läßt, nicht ohne zu erwähnen, daß die Buchstaben vor kurzem abgekratzt oder übermalt worden seien: Ananké, das Verhängnis.

Vom Tod der Kathedrale als symbolischer Form handelt das fünfte, in der Erstauflage nicht enthaltene Buch des Romans. Hier wächst der Jahreszahl des Titels ihre volle historische Bedeutung zu. Hier wird klar, warum der Autor von seinem Roman sagte, er sei ebensosehr ein Bild des fünfzehnten Jahrhunderts am Beispiel von Paris wie ein Gemälde von Paris im fünfzehnten Jahrhundert. Denn dieses Jahrhundert ist hier die Wasserscheide der Menschheitsgeschichte. Es teilt sie durch die Erfindung Gutenbergs in zwei Epochen, läßt auf die Herrschaft der Architektur die des Buchdrucks folgen: „Das Buch wird das Gebäude töten." Das Kapitel „Ceci tuera cela", in dem Hugo diese Formel entfaltet, schließt an den Stoßseufzer an, mit dem der Erzdechant, während er mit der Linken auf die nächtliche Silhouette von Notre-Dame zeigt, auf das vor ihm liegende Buch blickt: „Wehe! Dieses wird jenes töten." Aber es stößt sich von diesem Stoßseufzer nur ab, um zu seiner eigentlichen Pointe zu gelangen.

Der Schrecken des Kirchenmannes angesichts des gedruckten Buches ist berechtigt. Er ahnt, weil er phantasievoll und gelehrt ist, die Gefahren der Erfindung voraus. Er ahnt die Vielfalt der Lehren, das Mündigwerden der Vernunft, die den Glauben untergräbt. Er fürchtet im Buchdruck das unbeherrschbare Werkzeug der Gedankenfreiheit. Kurz, er fürchtet all das, was in den kommenden Jahrhunderten in den Büchern stehen wird. Dieser Angst aber, die man die Angst vor Voltaire, vor der Aufklärung, vor dem modernen Intellektuellen nennen könnte, weist Hugo im folgenden den Status eines Oberflächenphänomens zu. Denn war nicht Pierre Lombards Kommentar zu den Briefen des Apostels Paulus, der auf dem Tisch des Erzdechants lag, ein frommes Buch? Die Gefahr, die es darstellte, resultiert nicht aus seinem Gehalt, sondern allein aus seinem Gedrucktsein, in seiner Herkunft aus der Werkstatt des Antonius Koburger in Nürnberg. Der Erzdechant, das Zusammenspiel von Inhalten und Ausdrucksformen des Geistes witternd, ahnt den Satz von Marshall McLuhan voraus, wonach das Medium selbst, nicht das, was es übermittelt, die Botschaft ist. Aus dieser Achsendrehung gewinnt Hugo die Modernität seines Gedankens, „daß jede Generation ihre wesentlichen Gedanken anders und mit neuen Mitteln äußert und darum das feste und dauerhafte Buch aus Stein dem noch festeren und dauerhafteren Buch aus Papier weichen mußte". Von der Wasserscheide des fünfzehnten Jahrhunderts herab verschränkt Hugo den Blick auf das zu Ende gehende Zeitalter der Baukunst und das heraufziehende der Buchdruckerkunst. Er zeigt einen Epochenbruch, den die Adepten Marshall McLuhans als einen Wechsel des kulturellen Leitmediums beschreiben würden. Dazu gehört, daß er die Bindung der großen Bauwerke an religiöse Funktionen lockert.

Die Baukunst konnte nur deshalb zur universellen Kunst werden, auf die die Gesamtkultur und alle Künste bezogen waren, weil sie zwei Register hatte. Nur auf dem einen Register, in der hinduistischen, ägyptischen und romanischen Architektur, stand sie im Dienst der Theokratie, der Kaste, des Dogmas, des unangreifbaren Mythos. Auf dem anderen verband sie sich mit den Energien des Volkes, des ganzen Menschen, der Freiheit. Die Universalität der Baukunst war mit der Katholizität nicht identisch. Sie entfaltete sich als

Organon aller geistigen und kulturellen Energien. „Und so, unter dem Vorwand der zur Ehre Gottes erbauten Kirchen, entfaltete sich die Kunst zu einer unerhörten Blüte." Zur Kathedrale Notre-Dame, die Hugo als Amalgam aus romanischer und gotischer Kunst erscheinen läßt, gehören die häretischen Manifeste auf der Fassade von Saint-Jacques-de-la-Boucherie.

Hugos Panorama der Baukunst ist ein Dokument der historischen Einbildungskraft, eine Phantasmagorie, deren Glanz auch nach der architekturhistorischen Entzauberung nicht verfliegt. Entscheidend ist die zwiespältige Apotheose der Druckerkunst, auf die sie bezogen ist. Deren Sieg zeigt sich auch darin, daß in Hugos Roman die Baukunst von den Metaphern des Buches, der Lektüre und der Schrift eingehüllt ist wie von einem Gerüst. „... so war bis Gutenberg die Baukunst das große Schriftbuch des Menschengeschlechts." Ihre Geschichte schreibt Hugo als die Geschichte der Errichtung steinerner Buchstaben, denen Wörter, Sätze, Abhandlungen und Bücher aus Stein folgen. Die Druckerkunst siegt nicht, weil sie im Dienst der Schrift steht, sondern weil sie die Dauer der Bauwerke durch die potentielle Unendlichkeit der Reproduktion überbietet. Sie ist die Geburtshelferin profaner Unsterblichkeit. Ihr Bild sind die Vögel, die sich nach der Sintflut auf die Arche setzen und der neuerwachenden Welt die geflügelten Gedanken der untergegangenen mitteilen.

Der Vorteil der neuen Kunst ist ihre Allgegenwart und Ungreifbarkeit: „Man kann eine feste Masse zerstören, aber wie will man etwas ausrotten, das allgegenwärtig ist?" Damit treibt Hugo das Porträt des Buchdrucks als Zentrum der modernen Welt über die Sphäre der bleiernen Lettern hinaus. Sie verlieren in seiner Apotheose alles Schwere, werden zu Agenten der universellen Unbeständigkeit, aller scheinbar immobilen Tradition. McLuhan würde die elek-

Charles Marville: „Fontaine du Palmier“.
Das Baugerüst wurde am 21. April 1858 aufgenommen

tronischen Medien hinter Hugos Lettern entdecken. Ihr Gesetz ist die Miniaturisierung. Der Erzdechant hatte prophezeit: „Das Kleine wird das Große besiegen ...".

Von Balzacs Romanen wurde im neunzehnten Jahrhundert gesagt, ihr Schauplatz sei Frankreich um 1830, aber ihr Personal stammte aus dem Seconde Empire. Ähnliches gilt von Hugos „Notre-Dame de Paris". Der Roman setzt nicht nur der alten Kathedrale und ihren Dämonen ein Denkmal. Seine geheime Göttin ist die Furie des Verschwindens, er vibriert ex negativo von der modernen Beschleunigung, von der Erosion alles Alten. Das Schlüsselwort „échafaudage", das Baugerüst, das die alten Kirchen umschließt, sollte erst in den démolitions des Barons Haussmann zu seinem Recht kommen. Baudelaire wird, vor den Stichen Charles Méryons, das Schlüsselwort aufgreifen und den Gerüsten, die darauf die Bauwerke „zur Ausbesserung" umschließen, attestieren, daß sie dem festen Körper der Architektur die paradoxe Schönheit ihrer eigenen, luftigen Architektur hinzufügen.

Victor Hugo: „Der Glöckner von Notre-Dame". Roman. Aus dem Französischen übersetzt von Hugo Meier. Manesse Verlag, Zürich 1999. 780 S.

Gerrit Walther

Wenn unsereins studiert, dann hat das Reich etwas davon

Staatsreform durch Universitätsreform: Was Peter von Andlau Kaiser Friedrich III. riet

1460 herrschte in Basel eine Stimmung wie 1810 in Berlin, 1968 in Bielefeld und vielleicht bald in Erfurt: akademisches Goldgräberfieber. Pius II., der Humanistenpapst, der als Enea Silvio Piccolomini zwanzig Jahre zuvor das Baseler Konzil besucht und die von den Kardinälen ins Leben gerufene Universität schätzen gelernt hatte, erlaubte den Stadtvätern, die seither verfallene Hochschule neu zu gründen – ganz nach ihren Wünschen. Also versuchte man sie so attraktiv wie möglich zu machen: praxisnah, leistungsorientiert, marktwirtschaftlich. Ein Magnet der internationalen Elite sollte sie werden, eine Kaderschmiede für hohe und höchste Führungskräfte. Die unerhört üppige Ausstattung mit sechs juristischen Professuren setzte klare Signale.

Zum Gründungsausschuß gehörte der Domkaplan Peter von Andlau. Er hatte in Heidelberg studiert, war in Pavia promoviert worden und hatte jahrelang öffentlich für die Universität geworben, an der er nun eine glänzende Karriere als Kirchenrechtler und Rektor machen sollte. Das „Büchlein über die kaiserliche Herrschaft“, das er im gleichen Jahr 1460 schrieb, krönte seine Werbekampagne. Das also würden aufstrebende Talente an der neuen Hochschule lernen können: die Maximen und Rahmenbedingungen moderner deutscher Politik. Das Thema selbst war keineswegs originell. Seit den Konzilswirren ebbte die Flut der Reformschriften und „Gravamina“ nicht mehr ab. Der „Libellus“ aber traf in eine Situation, die desolater denn je schien. Zwar hatte Friedrich III. 1442, zwei Jahre nach seiner Wahl zum deutschen König und zehn Jahre vor seiner Kaiserkrönung, selbst eine energische „Refomatio“ verkündet. Wenig später aber hatte er sich ins ferne Wien zurückgezogen und sich seither darauf beschränkt, seine Hausmacht zu zementieren und bizarre Geldquellen zu ersinnen – etwa die Privatisierung seiner Gerichte und Behörden. Das Reich aber war im Chaos blutiger Fehden, erbitterter Parteikämpfe und permanenter Privatkriege großer und kleiner Fürsten versunken. Daß moderne Historiker Friedrichs Politik des Aussitzens als „seltene Kunst des staatsmännischen Attentismus“ (Hellmut Diwald) loben würden, hätte die Zeitgenossen nicht nur befremdet. Es hätte sie empört.

Auch Peter von Andlau widmet sein Werk zwar dem Kaiser. Er warnt ihn jedoch gleich in der Vorrede, nicht nur Lob zu erwarten. Das ist milde gesagt. Wenig später nämlich spricht er ihm den Kaisertitel rundweg ab. Keine einzige seiner Herrschaftspflichten habe Friedrich erfüllt. Das Argument: man könne nichts tun, weil die Mittel fehlten, verwechsele die Wirkung schlechter Politik mit ihrer Ursache. Eben weil früheren Kaisern am Wohl ihrer Untertanen gelegen gewesen sei, hätten sie auch genug Geld gehabt. Erst seit man damit aufgehört habe, „fehlt es auch am Wachstum glücklichen Wohlstands“. Nicht minder scharf attackiert Andlau die Fürsten. Ihre Fehden, ihre rücksichtslose Interessenpolitik, ihre Verachtung gelehrter Experten hätten das Reich ruiniert und seinen Ruhm zerstört, politisches Zentrum der Welt zu sein.

Ausführlich erzählt er, woher dieser Ruhm kam: wie Gott die Weltherrschaft beim Ende der Sintflut zuerst den Babyloniern, dann den Persern, den Griechen, den Römern und unter Karl dem Großen schließlich den Deutschen übertragen habe. Es ist die alte, seit den Kirchenvätern geläufige Geschichte der „translatio imperii“. Doch Peter von Andlau setzt neue Akzente. Zwar sieht er überall göttliche Vorsehung wirken. Zugleich aber läßt er keinen Zweifel, daß der Aufstieg Roms wie der der Germanen auf konkreten politischen Tugenden beruhte: auf Mut, Unbestechlichkeit, Frugalität, Opfersinn, Gerechtigkeit, Gesetzlichkeit. Wo sie verlorengingen, wie in der korrupten Gegenwart, brach das Reich zusammen.

Ein solches Verfallssymptom ist die neue Unübersichtlichkeit. Denn Gott will Klarheit. Einer soll herrschen. Zwar, so betont der selbstbewußte Baseler, arbeiten kommunale Regierungen oft besser und erfolgreicher. Leicht aber führe die Herrschaft vieler zur Tyrannei – um so schneller, je mehr an ihr teilnähmen: Wo der einzelne keinen mehr über sich weiß, bricht bald seine angeborene Bosheit, die unausrottbare „perversitas“ der menschlichen Natur hervor. Was sie für Freiheit hält, ist Unrecht. Denn jeder, der die ihm gesetzten Grenzen überschreitet, schädigt notwendig andere. Deshalb verkündet, wer die Freiheit rühmt, nur die Ideologie der Gewalt. Königsherrschaft ist Risiko-Minimierung.

Formell spricht Peter von Andlau als Theologe. Im Kern aber argumentiert er psychologisch-pragmatisch. Zwar bekämpft er jene Säkularisierung der Politik, die eine Generation vor Commynes und zwei Generationen vor Machiavelli längst zur Tatsache geworden ist. Doch im Kern teilt er dieses Denken bereits. So tönt aus seinem Lob der Monarchie nicht nur scholastische Konvention, sondern – mehr als hundert Jahre vor Bodin – beinahe schon etwas von dessen Souveränitätsidee: Nur die zeitlich unbegrenzte, allein den göttlichen Geboten gehorchende Gewalt sei wahre Herrschaft, erklärt er, und er appelliert an den Kaiser, diese „potestas absoluta“ rücksichtslos gegen alle Mißbräuche einzusetzen.

Peter von Andlau doziert nicht als Professor. Er gibt sich als Humanist, als besorgter Privatmann, der in seiner kleinen Bibliothek die Klassiker, Kirchenväter, das kanonische Recht um Rat fragt. Gerade die scheinbare Leichtigkeit, mit der er sie in seinem „Libellus" zusammenfügt, zeigt, wie verfügbar die Autoritäten und Traditionen geworden sind, deren Ordnungen er in Kapiteln über Fürstenpflichten, Adelsränge, Zeremonien und Wappen so penibel rekapituliert. Wer dies im Dienste des Rechts tut: wer die Tradition mit den Waffen des modernen „advocatus" verteidigen kann, der stehe, erklärt Andlau kühn, über dem Ritterbürtigen, der nur mit Waffen zu kämpfen weiß. Ebendies: Prestige durch Bildung, verspricht die neue Universität, für die er wirbt, ihren Absolventen.

Der „Libellus", der erst 1603 gedruckt erschien, gilt als erster Versuch eines deutschen Staatsrechts. Dies allein schon rechtfertigt die Übersetzung – die erste überhaupt –, die dank Renate Pletl und Konrad Vollmann eine angenehm flüssige Lektüre erlaubt. Rainer A. Müllers kundiges Nachwort ebnet den Weg zu diesem bedeutenden Zeitdokument, das kaum jemand mehr kennt, seit es zwischen den Zunftgrenzen von Mittelalter und Neuzeit verlorengegangen ist.

Peter von Andlau: „Kaiser und Reich". Libellus de Cesarea Monarchia. Lateinisch und Deutsch. Herausgegeben von Rainer A. Müller. Bibliothek des deutschen Staatsdenkens, Band 8. Insel Verlag, Frankfurt am Main 1998.

Thomas Steinfeld

Die Ecken der Neugierde

Nikolaus von Kues auf See

Wer etwas weiß, der steht auf festem Boden. Auf diesem Grund lassen sich Bäume pflanzen, Wege anlegen und Häuser bauen. Wer etwas nicht weiß, aber wissen möchte, der verläßt diesen Boden und begibt sich auf unsicheres Terrain, er fährt hinaus auf das Meer der Ungewißheit. Dieser Ozean wird weiter, je länger er befahren wird. Zwar mag dabei auch der Raum der Gewißheit wachsen. Doch bald weiß der Seefahrer, daß die Heimat nicht mehr als eine Insel innerhalb eines unendlich großen und immer noch größer werdenden Gewässers ist. Er kann auf diese Insel zurückkehren, er findet seinen Hafen, aber er muß wieder hinaus. Hans Blumenberg bezeichnete diese geistige Unrast als den „Prozeß der theoretischen Neugierde". Ausführlich beschrieben hat sie zum ersten Mal der deutsche Mönch Nikolaus von Kues um die Mitte des fünfzehnten Jahrhunderts.

Das Wissen um das Nichtwissen hat bei Nikolaus einen hohen Sinn: Es führt zu Gott. „Aus Wissen muß man in ein Unwissen kommen", heißt es in „Über die belehrte Unwissenheit", dem 1440 entstandenen, bekanntesten Werk des späteren Kardinals und Erzbischofs von Brixen. „Dann werden wir wissend werden mit dem göttlichen Wissen, und dann wird unser Unwissen mit dem übernatürlichen Wissen geadelt und geziert werden. „Die belehrte Unwissenheit ist ein Stück aus der christlichen Mystik, aber es ist bis zu deren äußerster Grenze vorgedrungen: dorthin, wo der Verstand den Glauben beinahe schon eingeholt hat."

Jenseits dieser Schranke sieht sich der Verstand beim Scheitern zu, und weil Nikolaus aus der letzten Hilflosigkeit des Kopfes die Notwendigkeit einer höheren Ordnung ableitet, läßt er ihn immer wieder gegen das Ende seiner Möglichkeiten anrennen. „Der Geist also, der nicht die Wahrheit ist, erfaßt die Wahrheit niemals so genau, daß sie nicht ins Unendliche immer genauer gefaßt werden könnte. Er verhält sich zur Wahrheit wie das Vieleck zum Kreis. Je mehr man die Zahl der Ecken in einem eingeschriebenen Vieleck vermehrt, desto mehr gleicht es sich dem Kreise an, ohne ihm je gleich zu werden, wollte man auch die Vermehrung der Eckenzahl ins Unendliche fortführen. „So vergleichend arbeitet sich Nikolaus voran. Die meisten seiner Analogien findet er in der Geometrie oder Arithmetik, aber er argumentiert auch mit der Astronomie und der Naturforschung. Die „coincidentia oppositorum", die Einheit der Gegensätze, ist der Name dieses Verfahrens, das Nikolaus im Laufe seines Lebens von einer theologischen Gedankenfigur zur überraschend poetischen Theorie einer Betrachtung der Welt erweitert.

Auf Nikolaus folgte keine Schule, obwohl er Giordano Bruno ebenso wie Blaise Pascal beeinflußt hat. Aber es scheint, als sei mit ihm die Unrast in die geistige Welt gezogen. Und wenn er, der selbst noch in seiner Glaubensgewißheit ruhte, es nicht gewesen sein sollte, so hat die unendliche Bewegung doch in ihm eine frühe Gestalt gefunden, die bald die Kunst mehr noch als die Wissenschaft ergriff. Leonardo da Vinci, der Vielseitige, malte wenige Jahrzehnte später Räume, die in der Unendlichkeit verdämmern. Vor allem ließ er die meisten seiner Arbeiten unvollendet, als Entwürfe zurück. Man hält die Künstler und Gelehrten der Renaissance gern für universale Menschen, ergriffen von der Begeisterung, jede Fähigkeit an sich auszubilden. Wie, wenn sich hinter diesem Ideal eine negative Theologie verbergen würde, der ihr Ziel, eben der in sich selbst ruhende Glaube, abhanden gekommen ist? Schon bei Nikolaus kann sich der Leser kaum von dem Verdacht befreien, die grandiosen Bilder aus der Mathematik seien in Wahrheit Zauberformeln zur Bannung einer als existentiell wahrgenommenen Gefährdung des Glaubens.

Für die Wissenschaftsgeschichte entdeckt wurde Nikolaus von Kues erst in diesem Jahrhundert. Ernst Cassirer hat in den zwanziger Jahren Nikolaus zu dem Mann gemacht, der das Ebenbild Gottes zu einem eigenständigen Wesen erhob. Vor allem aber hat sich Hans Blumenberg mit Nikolaus beschäftigt. In der „Legitimität der Neuzeit" rückte er das Wissen des Nichtwissens und die Gedankenfreiheit zueinander. Nikolaus wurde zu dem Denker, der den festen Boden in ein flüssiges Element verwandelte und aus Bauern Seefahrer machte. Die letzte große Arbeit über Nikolaus von Kues ist schließlich im vergangenen Herbst erschienen. Kurt Flasch zeichnet darin die Entwicklung eines Gelehrten, der sich ein Leben lang immer wieder revidierte. „Früher glaubte ich einmal, die Wahrheit sei eher im Dunkeln zu finden", schrieb Nikolaus kurz vor seinem Tod. „Aber die Wahrheit ist von großer Macht. Sie schreit auf den Straßen. Man muß ihr nur ein Bild geben."

Nikolaus von Kues: „Schriften in deutscher Übersetzung". Heft 15 a–c. „Dedocta ignorantia – Die belehrte Unwissenheit". Herausgegeben von Ernst Hoffmann, Paul Wilpert und Karl Bormann. Verlag Felix Meiner, Hamburg 1977.

Volker Gebhardt

Im Rausch der Tiefe

Visionäre Konstrukte: Die Perspektiven der Perspektive

„Die Malerei wird also nichts Anderes sein als die auf einer Fläche mittels Linien und Farben zustande gebrachte künstlerische Darstellung eines Quer-(Durch-)schnittes der Sehpyramide gemäß einer bestimmten Entfernung, einem bestimmten Augenpunkt und einer bestimmten Beleuchtung." Die knappe Definition Leon Battista Albertis, die er in seinem Traktat „De Pictura" 1435 niederlegte, bedeutete eine Revolution der Malerei. Sie ist wie keine andere Neuerung mit dem Begriff der künstlerischen Renaissance Italiens verbunden. Bis zu ihrer Zerschlagung im Kubismus blieb die später akademisch gelehrte, weil lernbare Kunst der Perspektive in all ihren Variationen scheinbar objektive Grundlage malerischen Gestaltens. Das Mittelalter hatte die antike Geometrie tradiert und mit den Lehrbüchern zur Optik Witelos, Peckhams oder des arabischen Gelehrten Alhazen weiterentwickelt. Trotzdem gelang die Zusammenführung von Theoremen und künstlerischer Arbeit nicht. Selbst die im Vergleich zu den flächenbetonten Malereien des Mittelalters Raumtiefe suggerierenden Stadtlandschaften der Brüder Lorenzetti, die religiösen Wandbilder Giottos und seiner Schule waren auf individuelle Erfahrungen gegründet, nicht auf ein theoretisch fundiertes System.

Erstaunlich bleibt, daß die Linearperspektive in ihrer theoretischen Grundlegung wie künstlerischen Anwendung mit einem Schlag in Florenz aus der Taufe gehoben wurde. Viele historische und soziologische Parameter sind bemüht worden, um das Umfeld zu bestimmen, in dem die Erfindung möglich war. Man hat auf den vertrauten Umgang der Florentiner mit dem Rechnen verwiesen, der durch Handel und Bankenwesen zu Beginn des Quattrocento geläufig war. Man hat in der rationalen Florentiner Mentalität eine allgemeine Offenheit für realistische Formen der Bildersprache vermutet; die Entdeckung der Perspektive erklärt dies allein nicht.

Kunstlaboratorium Florenz

Es bedurfte eines glücklichen historischen Moments, zu dem Künstlerpersönlichkeiten mit entsprechender Unterstützung durch Mäzene bei der Lösung einer sich selbst gestellten Aufgabe zusammenfanden. Der dominierende Politiker und Bankier Cosimo de'Medici schuf, verstärkt nach der Stabilisierung seiner Hausmacht um 1434, ein innovationsfreudiges kulturelles Klima. Wer in diesem höchst attraktiven Kunstlaboratorium federführend war, kann nur vermutet werden. War Brunelleschi als Architekt der Vordenker, dessen Biograph Antonio Manetti von dem Experiment zweier vor dem Baptisterium und der Piazza della Signoria verfertigten Architekturaufnahmen spricht? Beide Zeichnungen sind verloren, die rekonstruierenden Nachzeichnungen der Kunsthistoriker hingegen Legion. War es der Maler Masaccio, dem mit dem Trinitätsfresko in S. Maria Novella (1427) zuerst die systematische Umsetzung der Zentralperspektive in der Malerei gelang? War es der Bildhauer Donatello, dessen Flachrelief des „Heiligen Georg“ an der städtischen Kornscheune und Kirche Or San Michele (1417) die perspektivischen Prinzipien in die Plastik einführte? Oder gar der als konservativ gescholtene Lorenzo Ghiberti, dessen Bibliothek reichen Lesestoff für die Nutzbarmachung mittelalterlichen Wissens bereitstellte? Als weitere glückliche Koinzidenz muß gelten, daß Leon Battista Alberti beinahe zeitgleich die Grundlagen der Perspektive in verständlicher Form theoretisch entwickelte. Bis zu Vasaris „Viten" von 1555 war das Werk der Referenztext der italienischen Kunst.

Entscheidend bleibt die Erfindung eines genialen wie einfachen Systems der Übertragung der dreidimensionalen Wirklichkeit auf die zweidimensionale Fläche des Bildes, wie sie Alberti in seiner Definition der Malerei niederlegte. Bestimmend für den Grad der räumlichen Verkürzung im Raum ist die Festlegung des Distanzpunktes und dessen Verbindung mit einzelnen Punkten der Sehpyramide. Es ergeben sich Schnittstellen, welche die Position eines Punktes, einer Figur, einer Hausecke im Bildraum klar verorten lassen. Letztlich entsteht eine perspektivische Zeichnung, die auf das Bild übertragen werden kann. Albertis Bild vom „offenen Fenster", wodurch man gleichsam „das erblicke, was hier gemalt werden soll", ist vielzitiert und mißverstanden worden. Der „reale" Eindruck der Größenverhältnisse und Verkürzungen im Bildraum darf nicht darüber hinwegtäuschen, daß sich das perspektivische Bild einer Technik bedient, um Wirklichkeit zu generieren; daß das Bild selbst Artefakt einer konstruierten Wirklichkeit ist. Im Gegensatz zu der architektonischen Bauaufnahme Brunelleschis sind die meisten Gründungsbilder der Perspektive eben keine Wiedergaben realer Räume, sondern synthetische Produkte visionärer Phantasie. Das „offene Fenster" meint metaphorisch eben auch das „geöffnete Fenster". Über dieses präsentierten sich dem erstaunten Betrachter vorher nie gesehene Bilderwelten. Es ist dieser selbstbewußt weltliche, in die Zukunft gerichtete Impuls der Renaissance, welcher in Albertis Traktat seinen theoretischen Rahmen findet.

Die Gefahren des gleichermaßen genialen wie in seiner praktischen Anwendung letztlich erstaunlich simplen Ver-

Idealprospekt einer Stadt: Francesco di Giorgio Martinis architektonische Vedute, um 1490/1500

fahrens liegen auf der Hand. Das religiöse Bild stand nun auf dem Prüfstand. Waren die religiösen Tafelbilder Giottos, mit ihren blockigen, zeitlosen Figuren, welche in reduzierten, staffageartigen Bildarchitekturen agierten, noch anbetbar, änderte sich dies nun. Alles Metaphysische schien weggepustet. Nicht mehr religiöse Typen bewegten sich vor den goldenen oder blauen Folien der flächigen Hintergründe; Menschen aus Fleisch und Blut wandelten in Bildräumen, denen nichts Religiöses mehr anhaftete. Erst spezifische Szenerien, ein Kirchenraum oder ein biblischer Ort sowie die Erzählung selbst stifteten den religiösen Zusammenhang. Mit der Eroberung der dritten Dimension schwand die substantielle Magie des Spirituellen, welcher der zweidimensionalen Ikone noch innewohnte. Die Ineinssetzung von heiligem Bild und dem Gegenstand der Anbetung war ein für alle Mal vorbei. Oder doch nicht?

Der Kunsthistoriker Erwin Panofsky versuchte 1924/25 in einem berühmt gewordenen Vortrag an der Hamburger Bibliothek Warburg, die Perspektive als „symbolische Form“ zu retten. Auch er sah in den exakt berechneten Systemräumen der italienischen Kunst eine Säkularisierung der Bilderwelten. Trotzdem habe die Perspektive der religiösen Kunst das Feld des Visionären erschlossen, indem die übernatürlichen Geschehnisse in den scheinbar natürlichen Sehraum des Betrachters eingebrochen seien und dieser um so stärker vom Wunder überwältigt gewesen sein müsse. Und sie habe zweitens bewirkt, daß sich das religiöse Geschehen verstärkt aus der Psychologisierung der handelnden Personen eines Bildes entwickelt habe.

Betrachtet man das Gros der Kunstproduktion, so stellen sich Zweifel ein. Die Perspektive als Technik zu beherrschen war eine lösbare Aufgabe, sie als „symbolische Form“ nutzbar zu machen eine andere. Über eine Häufung religiöser Attribute und eine im Gestischen aufgeregtere Erzählweise versuchten die durchschnittlichen Künstler, ihrer Unsicherheit Herr zu werden. Vielfach staksen die Figuren der Handlung jedoch nur im luftleeren Bildraum herum, der zu abgezirkelt ist, um mit der Handlung zu einem überzeugenden oder religiös überwältigenden Gesamteindruck zu verschmelzen. Die Kunstproduktion war weniger homogen, als der (verengte) Blick auf die Protagonisten einer künstlerischen Avantgarde vermuten ließe. Es gab daneben eine reiche Tradition spätmittelalterlich anmutender Malerei, deren Marktwert den Werken der Neuerer durchaus entsprach. Ab etwa 1450 gewann eine dekorative Gebrauchskunst die Oberhand, welche möglichst real Wirklichkeit einzufangen wünschte, und sei dies eine fiktive, ohne sich um den Verlust von Spiritualität zu bekümmern. Der Einsatz von Perspektive überzeugte den Auftraggeber vom Geschick des Künstlers. Flächige Momente dienten dekorativen Zwecken. Eine nicht gekannte Welle profaner Bilder entstand im Zusammenhang mit der mehr und mehr nordalpin-höfisch geprägten Adelskultur am Hof der Medici. So öffnete Benozzo Gozzoli die Fenster zu zeitlosen Zaubergärten, Domenico Ghirlandaio gewährte Einblicke in die Wohnstuben der reichen Florentiner Familien, Sandro Botticelli Ausblicke auf arkadische Paradiese. Von hier aus nahm die Hochrenaissance ihren Ausgang, die in den dünnflüssigen Produkten der zweiten Garnitur einer Religiosität der dekorativen Oberflächlichkeit und gepflegten Langeweile frönte. Die Elite der Florentiner Künstler wußte um die Gefahren, welche der Einsatz der Perspektive mit sich brachte. Alberti hatte bei aller Euphorie auf die gleichwertige Bedeutung von Farbe und Komposition hingewiesen, welches sich in seinen Ausführungen zum „disegno", zur Kunst der Zeichnung verdichtet. Erst die Erfindungskraft des Künstlers, seine „invenzione" bewirke mittels einer ausgewogenen Mischung aller Komponenten ein Meisterwerk.

Und nur dann entwickelt das Bild der Renaissance jene Symbolik, die Panofsky auf den Gebrauch der Perspektive reduzierte.

Virtuelle Bewegung im Raum

Bereits Masaccio band das Bildpersonal im Gründungswerk des „Trinitätsfreskos“ in die Bildfläche zurück; der tiefe Kapellenraum schließt sich in diesem zweiten Sehangebot zum Betrachter hin ab. Strenge symmetrische Bezüge und farbliche Gegenüberstellungen der Figuren bewirken dies. So straffte er die Komposition und verwies auf eine theologische Hierarchie in der Kreuzigungsszene. Die Perspektive war ihm innovatives Hilfsmittel, nicht mehr. Im Gegenteil: Ganz bewußt nahm er Gottvater als hierarchisch und kompositionell am höchsten stehende Person aus dem Perspektivensystem heraus. Die Figur steht auf einer Empore in der Tiefe des Raumes, umgreift jedoch das Kruzifix, welches am vorderen Rand aufgestellt ist. Die theologischen Implikationen sind vielschichtig. Durch die frontale Ansicht Gottes, der nach der Logik der Perspektive eigentlich schräg im Raum hängen müßte, bewegt sich Gottvater virtuell vor und zurück. Er präsentiert den Gläubigen vor dem Altar damit aktiv und theologisch überzeugend seinen gekreuzigten Sohn. Im Zusammenspiel aller Komponenten albertianischer Malerei und ihrer unorthodoxen Gewichtung erlangte Masaccio eine neue Transzendenz des Bildes, welches dieses anbetungswürdig machte. Auch Domenico Venezianos Hauptwerk der „Pala die Santa Lucia“ (um 1445) liegt ein bravouröses perspektivisches Tiefenraster zugrunde. Aber auch ihm waren flächige Bezüge wichtig, er verlor sich nicht im Rausch der Tiefe. Zudem ließ er erstmals mittels subtiler Farbnuancierungen der Temperafarben Licht um die heilige

Versammlung spielen und bettete die Figuren in dem atmosphärisch angereicherten Tiefenraum überzeugend ein. Ähnlich unbestimmt wie bei Masaccio erscheint die Position der Maria in Domenico Venezianos Altarbild. Wollte man einen Grundriß der mathematisch exakten Szene zeichnen, würde man verzweifeln. Für unser Argument wichtig ist: Auch die Gottesmutter kann sich virtuell im Raum vor und zurück bewegen, vermag sich so den Gläubigen im Gebet zu nähern oder sich wieder zurückzuziehen. Beide Künstler beziehen den betenden Betrachter in ihre kompositorischen Überlegungen ein. Erst im Sehvorgang vermitteln sich die Brüche und Spannungen, welche den Bildern ihre spirituelle Kraft sichern.

Auf ähnliche Weise gewinnt der „Auferstehende Christus" von Piero della Francesca in Sansepolcro (um 1460) seine Spannung zwischen Raum und Einzelform, Entrücktheit und Präsenz, Ruhe und Dynamik. Wie bei Masaccio dient die symmetrische Farbigkeit der Gewänder einer Fixierung in der Fläche wie auch dem Ausgleich der Bewegung Christi nach vorn und nach oben. Selbst in der Christusfigur findet sich der Dualismus wieder. Ikonenhaft unverrückbar in Raum und Zeit, impliziert das angewinkelte Bein eine Hinwendung zum anbetenden Betrachter wie in der intendierten Aufwärtsbewegung eine Vorwegnahme der Himmelfahrt.

Aus diesen Beispielen wird deutlich, daß in der Tat die Anwendung der Perspektivregeln rasch Allgemeingut wurde, zum anderen gerade die bedeutenderen Künstler sich bemühten, diese je nach Thema abzuwandeln, um dem ikonischen Gehalt der Szene Rechnung zu tragen und Schlüsselmomente der Erzählung hervorzuheben.

Die Zeitgenossen müssen dies registriert haben, ebenso wie die bewußt archaisierenden Rückgriffe auf Giotto, in dessen Werk immer wieder Figuren oder auch nur entscheidende Gesten des religiösen Geschehens in die Bildfläche eingebunden und durch besondere Hinterlegungen, durch Architekturteile etwa, hervorgehoben wurden. Eine solche Sichtweise relativiert die Gleichsetzung von Perspektive und antikenbegeisterter Säkularisierung, weil mittels kalkulierter und intellektueller Variation der bekannten Muster durchaus religiöser Gehalt zu gewinnen war.

Von der Kunst eines Masaccio, Veneziano, Piero, aber auch Fra Angelico oder Uccello führt der Weg zu den Werken des Florentiner Frühmanierismus. Rossos spektakuläre „Kreuzabnahme“ von 1521, ein Schlüsselwerk seiner Zeit, macht dies deutlich. Der Künstler legte ein Gitter von Figuren vor den tiefblauen Hintergrund. Der Tiefenzug der dunklen Landschaft wird aufgehoben, weil der Nachthimmel wie im Mittelalter als Folie hinter der religiösen Handlung aufgespannt ist. Die Flächigkeit dominiert derart, daß man geneigt ist, von einer Inversion der Perspektive zu sprechen. Bei genauerer Vertiefung in das hektische, dabei wie in Agonie erstarrte Geschehen begegnen wir allen Komponenten wieder, welche Masaccio gemeinsam mit der Perspektive in die Malerei eingeführt hatte: die Stellung der Leitern bleibt unklar, auch jene einzelner Figuren zueinander, Tiefenzug und Flächigkeit sind scharf kontrastiert. Mit der Einbindung des meditierenden Betrachters vor dem Bild stiftete der Maler jene religiöse Erschütterung neu, welche vom Karfreitagsgeschehen ausgeht. Hatten die besten Künstler des Quattrocento, die ja Erfinder der Perspektive waren, diese in bestimmten Punkten immer wieder revidiert, ging Rosso den umgekehrten Weg. Er spielte mit arrivierten Bildmustern, die er in Stücke schlug, um sie zu einem Bildganzen zu fügen. Dies Vorgehen entsprach kongenial einem neuen Jahrhundert, das sich seinen Weg zwischen den Positionen eines Leonardo da Vinci, Niccolò Machiavelli und Martin Luther erst noch erkämpfen mußte.

Perspektivverrückungen:
Lorenzo Lottos „Christi Abschied von seiner Mutter",
1521

Die Autoren

Kurt Flasch, geb. 1930, ist Professor emeritus für Philosophie an der Ruhr-Universität Bochum.

Volker Gebhardt, Dr. phil., Dr. med., geb. 1962, ist Lektor des geisteswissenschaftlichen Programms des Walter de Gruyter Verlages.

Michael Jeismann, Dr. phil., geb. 1958, Historiker, ist Feuilletonredakteur der Frankfurter Allgemeinen Zeitung.

Thomas Kling, geb. 1957, lebt als freier Schriftsteller in Köln.

Albrecht Kunkel, geb. 1938, war Wissenschaftsredakteur u. a. des „Spiegel" und lebt als freier Journalist in Heidelberg.

Lothar Müller, Dr. phil., geb. 1954, ist Feuilletonredakteur der Frankfurter Allgemeinen Zeitung.

Thomas Rathmann, Dr. phil., geb. 1955, ist Privatdozent für mittelalterliche Geschichte an der Technischen Universität Berlin.

Norbert Schnitzler, Dr. phil., geb. 1959, ist wissenschaftlicher Mitarbeiter am Fachbereich Geschichte der Technischen Universität Chemnitz.

Ernst Schubert, geb. 1941, ist Professor für Historische Landesforschung an der Universität Göttingen.

Gabriela Signori, Dr. phil., geb. 1960, ist Privatdozentin für mittelalterliche Geschichte an der Universität Bielefeld.

Thomas Steinfeld, Dr. phil., geb. 1954, ist Leiter des Literaturressorts der Frankfurter Allgemeinen Zeitung.

Gerrit Walther, Dr. phil., geb. 1959, ist Privatdozent für mittlere und neuere Geschichte an der Universität Frankfurt am Main.

Berthe Widmer, geb. 1924, ist emeritierte Professorin für Kulturgeschichte des Mittelalters an der Universität Basel.

Bildquellennachweis

Berlin, Archiv für Kunst und Geschichte *S. 24, 59*
Berlin, Bildarchiv Stiftung Preußischer Kulturbesitz *S. 88, 94*
Berlin, Thomas Rathmann *S. 52*
Hamburg, Bilderberg Archiv für Fotografie *S. 14*
Paris, Bibliothèque d'histoire *S. 76*
Fotoarchiv V. Husa *S. 45*